Regras de ouro
para
a vida cotidiana

Omraam Mikhaël Aïvanhov

Regras de ouro para a vida cotidiana

Tradução
Clóvis Marques

Revisão técnica
Laura Uplinger

Coleção Izvor

NOVA ERA

CIP-BRASIL. CATALOGAÇÃO-NA-FONTE
SINDICATO NACIONAL DOS EDITORES DE LIVROS, RJ

A258r
Aïvanhov, Omraam Mikhaël, 1900-1986
   Regras de ouro para a vida cotidiana / Omraam Mikhaël Aïvanhov; tradução: Clóvis Marques; revisão técnica: Laura Uplinger. – Rio de Janeiro: Nova Era, 2010.
   -(Izvor)

   Tradução de: Règles d'or pour la vie quotidienne
   ISBN 978-85-7701-309-8

   1. Vida espiritual. 2. Autorrealização. I. Título. II. Série.

09-5981
CDD: 204
CDU: 214

Texto revisado segundo o novo Acordo Ortográfico da Língua Portuguesa.

Título original francês:
RÈGLES D'OR POUR LA VIE QUOTIDIENNE

Copyright da tradução © 2009 by EDITORA BEST SELLER LTDA
Copyright © 2007 by Éditions Prosveta S.A.

Adaptação de capa: Sense Design
Editoração eletrônica: Abreu's System

Publicado mediante acordo com Éditions Prosveta S.A.

Todos os direitos reservados. Proibida a reprodução, no todo ou em parte, sem autorização prévia por escrito da editora, sejam quais forem os meios empregados, com exceção das resenhas literárias, que podem reproduzir algumas passagens do livro, desde que citada a fonte.

Direitos exclusivos de publicação em língua portuguesa para o Brasil adquiridos pela EDITORA NOVA ERA um selo da EDITORA BEST SELLER LTDA.
Rua Argentina, 171 – Rio de Janeiro, RJ – 20921-380 – Tel.: 2585-2000
que se reserva a propriedade literária desta tradução

Impresso no Brasil
ISBN 978-85-7701-309-8

Seja um leitor preferencial Record.
Cadastre-se e receba informações sobre nossos lançamentos e nossas promoções.

Atendimento e venda direta ao leitor
mdireto@record.com.br ou (21) 2585-2002

Como o ensinamento do Mestre Omraam Mikhaël Aïvanhov é estritamente oral, esta obra, dedicada a um tema específico foi redigida a partir de conferências improvisadas.

SUMÁRIO

O bem mais precioso: a vida.................................. 15

Conciliar a vida material e a vida espiritual 16

Dedicar a vida a um objetivo sublime 17

A vida cotidiana: matéria a ser transformada
pelo espírito... 18

A nutrição como um ioga....................................... 20

A respiração... 22

Como recuperar as energias 25

O amor nos torna incansáveis................................ 26

O progresso tecnológico libera o homem
para o trabalho espiritual....................................... 27

Arrumem sua casa interior 28

O mundo exterior é um reflexo do seu
mundo interior.. 29

Preparem o futuro vivendo bem o presente......... 30

Saboreiem a plenitude do presente....................... 31

A importância do começo 33

Conscientizar-se dos hábitos mentais 37

Atenção e vigilância 38

Ater-se a uma direção espiritual 40

Dar mais ênfase à prática que à teoria 41

Preferir as qualidades morais ao talento 42

Estar satisfeito com o próprio destino
e descontente consigo mesmo 43

O trabalho espiritual nunca fica sem resultados .. 44

A regeneração de nossos corpos físico,
astral e mental 45

Busquem a cada dia o seu alimento espiritual 46

Revisem periodicamente sua própria vida 47

Conciliem o fim e os meios 47

Corrijam rapidamente seus erros 49

Fechem a porta às entidades inferiores 50

As ideias determinam os atos 51

Nossos esforços são mais importantes que
os resultados 52

Aceitar os fracassos 53

A imaginação como método de trabalho
sobre si mesmo... 55

A música, esteio do trabalho espiritual................. 56

A influência benéfica de um grupo espiritual 57

Contem apenas com o seu trabalho....................... 58

Vivam na poesia... 59

Conhecer-se bem para agir bem 60

"Começar com o pé direito" 61

Evitar expressões de desagrado 61

Aproximar-se dos outros com recipientes cheios 62

A mão, instrumento de comunicação e troca 64

Que o seu olhar irradie a vida divina 65

Não contar suas preocupações e mágoas.............. 66

Evitar criticar — A palavra positiva...................... 67

Sejam prudentes em suas palavras 69

Toda promessa é um vínculo 70

A palavra mágica... 71

O contato vivo com a natureza 72

Não escolher a facilidade, mas aquilo
que serve à nossa evolução 73

Fazemos progressos graças àquilo que
nos resiste 75

Não se esquivar ao esforço e às
responsabilidades..................................... 76

Desculpas não bastam, é preciso consertar
os nossos erros.. 77

A inteligência se desenvolve nas dificuldades....... 78

Cada problema tem sua chave................... 80

Não se fixar nas contrariedades da vida............ 81

O sofrimento é uma advertência........................ 83

Agradecer nas provações 84

As provações nos obrigam a explorar nossos
próprios recursos 86

Pensar que os sofrimentos são passageiros............ 87

Olhar para o alto 88

O método do sorriso.. 89

O método do amor 90

A lição da ostra e da pérola................................. 91

Saibam compartilhar sua felicidade..................... 92

O exercício do autodomínio nas relações............ 92

Resolver os problemas pelo amor, e não
pela força 93

Aprendam a superar a lei da justiça.................... 95

Sejam capazes de gestos desinteressados.............. 97

Usem suas simpatias para recobrar coragem
e suas antipatias para se fortalecer 98

A utilidade dos inimigos..100

Transformar o mal...101

Os verdadeiros inimigos estão em nós.................101

Despertar o bem nos outros 103

Vivam com amor 103

Sejam como a nascente de um rio........................105

O Céu nos deu riquezas para que saibamos
mostrar-nos generosos 106

Esqueçam seus inimigos pensando em
seus amigos...106

Fortalecer-se contra as críticas 107

Saber colocar-se no lugar dos outros 108

Alguns conselhos a respeito das crianças............109

O poder da palavra desinteressada 113

Aprofundem uma verdade antes de falar
a respeito 114

Começar por se tornar mais sábio 115

O sol, modelo da perfeição 117

O segredo da verdadeira psicologia 119

Buscar a alma e o espírito dos seres além
de sua aparência 120

Amar sem perigo para os outros 121

Amar sem perigo para nós mesmos 122

É buscando o enriquecimento junto a Deus
que podemos ajudar os outros 123

A circulação do amor 125

O amor traz em si mesmo sua recompensa 125

Aquele que sabe abrir-se aos outros
não conhece a solidão 126

Só a presença divina pode realmente
preencher a alma humana 128

A travessia do deserto 129

A pureza permite entrar em contato com o
mundo divino 130

O Céu só responde aos sinais luminosos 131

A chave da felicidade: a gratidão 132

Saber esquivar-se ao mal 134

O refúgio mais seguro: a oração 135

Reviver as alegrias espirituais 136

Manter-se inabalável 138

Ser capaz de distinguir se uma pessoa
exerce boa influência 139

Abrir-se às influências benéficas 140

A influência das criações artísticas 141

Usem os objetos conscientemente e com amor ... 142

Consagrem os lugares e os objetos 143

Deixamos rastros onde quer que passemos 143

Nossa influência nos seres humanos e em
toda a criação 144

Temos a liberdade de aceitar ou recusar
influências 146

Purificar-se de tudo que possa alimentar
os indesejáveis 147

A consagração aos espíritos luminosos 148

Colocar-se a serviço do Céu para se beneficiar
de sua proteção 149

Um autêntico talismã 150

A melhor proteção: a aura 151

Nosso ponto de equilíbrio: o Senhor 152

Consagrem seu coração a Deus 152

Índice remissivo 155

O bem mais precioso: a vida

Quantas vezes não lhes aconteceu de desperdiçar a vida correndo atrás de posses que não são tão importantes quanto a própria vida? Já pensaram nisso? Se fossem capazes de pôr a vida em primeiro lugar, se pensassem em preservá-la, em protegê-la, em mantê-la na maior integridade, na maior pureza, vocês teriam cada vez mais possibilidades de obter o que desejam. Pois é exatamente essa vida esclarecida, iluminada e intensa que pode proporcionar-lhes tudo.

A partir do momento em que estão vivos, vocês imaginam que tudo é permitido. Mas quando tiverem trabalhado durante anos e anos para satisfazer suas ambições, um dia se encontrarão tão exauridos, tão descontentes, que se puserem na balança o que conseguiram e o que perderam perceberão que perderam quase tudo para ganhar muito pouco. Muitas pessoas pensam: "Como estou vivo, posso aproveitar para conseguir tudo o que desejo: dinheiro, prazeres, conhecimento, glória..." E assim extraem e extraem, e quando já não lhes resta nada, são obrigados a cessar todas as atividades. Não faz sentido agir assim, pois quando perdemos a vida, perdemos tudo. O essencial é a vida, e portanto vocês devem protegê-la, purificá-la, fortalecê-la, eliminar o que a entrava ou bloqueia, pois é graças à vida que conseguirão saúde, beleza, força, inteligência, amor e a verdadeira riqueza.

Tratem, portanto, daqui em diante, de embelezar sua vida, intensificá-la, santificá-la. Logo poderão sentir que essa vida, que é pura, harmoniosa, tocará outras regiões, nas quais agirá sobre uma infinidade de outras entidades, que virão em seguida inspirá-los e ajudá-los.

Conciliar a vida material e a vida espiritual

Ninguém lhes pede que negligenciem completamente a vida material para se dedicar unicamente à meditação e à oração, como fizeram certos místicos ou ascetas que queriam fugir do mundo, de suas tentações e dificuldades. Mas deixar-se monopolizar pelas preocupações materiais, como fazem cada vez mais os seres humanos, tampouco é bom. Todos vocês devem ser capazes de trabalhar, ganhar dinheiro, casar-se, começar uma família, mas tendo ao mesmo tempo uma luz, métodos de trabalho, para avançar no caminho da evolução.

A questão, portanto, está em organizar ao mesmo tempo o lado espiritual e o lado material: estar no mundo, mas poder ao mesmo tempo viver uma vida celeste. Esse deve ser o seu objetivo. Naturalmente, é difícil, pois vocês ainda se encontram no ponto em que, quando se lançam na vida espiritual, seus negócios vão por água abaixo, e quando acertam os negócios, abandonam a vida espiritual. Mas não: são os dois, os dois são necessários, e vocês podem conciliá-los. Como?... Pois bem, o que quer que façam, comecem por dizer a si mesmos: "Eu busco a luz, busco o amor, busco o verdadeiro poder. Será que poderei alcançá-los fazendo isto ou aquilo?" Reflitam bem, e se perceberem que determinada preocupação ou atividade os afasta do seu ideal, deixem-na de lado.

Dedicar a vida a um objetivo sublime

É muito importante que vocês saibam com que objetivo trabalham e para quem, pois, dependendo do caso, suas energias tomam uma ou outra direção. Quando dedicam sua vida a um objetivo sublime, ela se enriquece, ganha força e intensidade. É exatamente como um capital que vocês fazem frutificar: aplicam esse capital num banco celeste e, em vez de ser jogado fora, desperdiçado, ele cresce, e vocês ficam mais ricos. E como estão mais ricos, têm a possibilidade de se instruir melhor, de trabalhar melhor. Aquele que se entrega aos prazeres, às emoções, às paixões, desperdiça seu capital, sua vida, pois todas essas coisas devem ser pagas, e ele pagará com a vida. Ao passo que, aplicando seu capital num "banco celeste", quanto mais trabalharem mais se fortalecerão, pois novos elementos mais puros e mais luminosos virão constantemente permeá-los para tomar o lugar do que perderam.

A vida cotidiana: matéria a ser transformada pelo espírito

Em todas as ações da vida cotidiana, até nas mais simples, vocês devem aprender a pôr elementos que lhes permitam transpor essas ações para o plano espiritual, alcançando assim os degraus superiores da vida.

Vejamos um dia como outro qualquer: levantamos pela manhã e, imediatamente, toda uma série de processos é desencadeada: pensamentos, sentimentos e também gestos. Levantar-se, acender a lâmpada, abrir as janelas, lavar-se, preparar o café da manhã, ir para o trabalho, encontrar pessoas etc. Quantas atividades para se realizar, e todos são obrigados a fazê-las. A diferença é que alguns as fazem maquinalmente, mecanicamente, enquanto outros, pelo contrário, possuidores de uma filosofia espiritual, buscam introduzir em cada uma de suas ações uma vida mais intensa, mais pura, e então tudo se transforma, tudo adquire um novo sentido e eles estão constantemente inspirados.

Naturalmente, muitas pessoas se mostram dinâmicas, empreendedoras, mas toda essa atividade fica limitada à busca do sucesso, do dinheiro, da glória; elas não fazem nada para tornar sua existência mais serena, mais equilibrada, mais harmoniosa. O que não é muito inteligente, pois essa atividade excessiva serve apenas para esgotá-las e deixá-las doentes.

Habituem-se a encarar a vida cotidiana com todas as atitudes que são obrigados a tomar, os acontecimentos que se apresentam e as pessoas com as quais convivem ou que venham a encontrar como uma matéria-prima que deve ser trabalhada para que possamos transformá-la. Não se contentem em aceitar o que recebem, em suportar o que lhes acontece, não sejam passivos, pensem sempre em contribuir para animar, vivificar, espiritualizar essa matéria-prima. Pois nisto consiste realmente a vida espiritual: ser capaz de introduzir em cada uma de suas atividades cotidianas um elemento, uma espécie de fermento capaz de levá-las a um plano superior. Vocês dirão: "E a meditação? E a oração?" Pois bem, justamente, a oração e a meditação servem para captar esses elementos mais sutis, mais puros, que lhes permitem dar uma nova dimensão a suas ações.

Podem sobrevir em sua vida acontecimentos que tornem impossível a prática dos exercícios espirituais que estão habituados a fazer diariamente. Mas isso não lhes deve impedir de continuar em contato com o Espírito. Pois o Espírito está acima das formas, acima das práticas. Em qualquer situação, em qualquer circunstância, vocês podem entrar em contato com o Espírito, para que ele venha animar e embelezar sua vida.

*A nutrição como um ioga**

Quantas pessoas perturbadas por uma vida agitada buscam meios de recuperar o equilíbrio! Elas praticam ioga, zen, a meditação transcendental, ou então aprendem a relaxar. Tudo isso é muito bom, mas existe um exercício mais fácil e mais prático: aprender a comer. Ficaram surpresos? Por quê? Em vez de comer de qualquer jeito, no meio do barulho, do nervosismo, da precipitação e até das brigas — e depois ir praticar ioga! —, não seria melhor entender que, diariamente, duas ou três vezes por dia, vocês têm a oportunidade de fazer um exercício de repouso, de concentração, de harmonização de todas as suas células?

Ao sentarem-se à mesa, comecem por afastar do espírito tudo que lhes possa impedir de comer em paz e harmonia. E se não o conseguirem logo, esperem para dar início à refeição quando tiverem

---

* Ver *Le yoga de la nutrition*, Col. Izvor n° 204.

logrado acalmar-se. Ao comer em estado de agitação, raiva ou insatisfação, vocês introduzem em seu ser uma excitação, vibrações desordenadas que se transmitem a tudo aquilo que fizerem depois. Ainda que tentem transmitir uma impressão de calma, de controle, emana de vocês alguma coisa agitada, intensa, e vocês cometem erros, chocam-se com pessoas e objetos, pronunciam palavras grosseiras que os levam a perder amizades e a fechar portas... Ao passo que se comerem em estado de harmonia, resolvem melhor os problemas que surgirem, e, ainda que sejam obrigados a correr para lá e para cá o dia inteiro, sentem uma paz que não pode ser destruída por essa atividade. É começando pelo início, pelas pequenas coisas, que podemos ir muito longe.

Não pensem que o cansaço é sempre causado por trabalho em demasia. Não, muitas vezes ele decorre de um desperdício de forças. E quando engolimos o alimento sem tê-lo mastigado bem, mas também sem tê-lo impregnado suficientemente de nossos pensamentos e sentimentos, é mais difícil digeri-lo, e nosso organismo não pode beneficiar-se dele plenamente.

Quando vocês comem sem tomar consciência da importância desse ato, ainda que seu organismo se fortaleça com o alimento, recebem apenas as partículas mais grosseiras, mais materiais, que não podem ser comparadas às energias das quais poderiam se beneficiar se soubessem realmente comer no silêncio, concentrando-se no alimento para receber seus elementos etéreos e sutis. Então, durante as refeições, concentrem-se nos alimentos, projetando neles raios de amor; nesse momento ocorre a separação entre a matéria e a energia: a matéria se desagrega, enquanto a energia os penetra, e vocês que podem dispor dela.

O essencial, na nutrição, não é o alimento em si, mas as energias que ele contém, a quintessência nele aprisionada, pois nessa quintessência está a vida. A matéria do alimento existe apenas como suporte, e, precisamente, essa quintessência tão sutil, tão pura, não deve servir apenas para alimentar os planos inferiores, o corpo físico, o corpo astral e o corpo mental, mas também a alma e o espírito.

A respiração

"Mastigar" o ar para extrair suas energias

Ao longo do dia, habituem-se a praticar algumas respirações. Para serem realmente proveitosas, no entanto, essas respirações devem ser lentas e profundas. Pois o ar puro precisa ter tempo de descer até os pulmões para enchê-los, e o ar viciado precisa ser expulso. Não só é necessário respirar profundamente, como também, de vez em quando, é bom reter o ar durante alguns segundos nos pulmões antes de soltá-lo. Por quê? Para mastigá-lo, pois os pulmões sabem mastigar o ar, assim como a boca sabe mastigar os alimentos. O ar que aspiramos é como uma "colherada" de alimento cheia de energias vivificantes. Porém, para desfrutar plenamente delas, é preciso dar aos pulmões o tempo necessário para mastigar o ar e digeri-lo. Ao respirar assim, tenha a consciência de que, por meio do ar, é a vida divina que estão recebendo em seu corpo.

Dimensão psíquica e espiritual

Os exercícios de respiração agem de maneira benéfica sobre a saúde, é claro, mas também sobre a força de vontade e o pensamento. Experimentem: se tiverem de levantar um peso, poderão fazê-lo com maior facilidade depois de uma respiração profunda. Nas pequenas atividades da vida cotidiana, em suas relações com os outros, pensem também em respirar, pois isso lhes dará autodomínio. Antes de uma reunião, por exemplo, para que a conversa não degenere em discussão, habituem-se a respirar bem. E, se estiverem perturbados, por que não pedir a ajuda dos pulmões? Eles estão aí para ajudá-los. Por dois ou três minutos, inspirem e expirem profundamente: seus pensamentos ficarão mais leves e claros. Vocês precisam de ajuda, o que é normal, mas por que a estão sempre procurando no exterior, se ela está dentro de vocês?

Se conseguirem captar o sentido profundo da respiração, vocês aos poucos sentirão sua própria respiração fundir-se na respiração cósmica. Expirando, imaginem que vocês se ampliam, estendendo-se até tocarem os confins do universo, e depois, inspirando, voltem para si mesmos, para seu ego, que é como um ponto imperceptível, o centro de um círculo infinito. Dilatem-se novamente, e mais uma vez se contraiam... Vocês descobrirão assim esse movimento de fluxo e refluxo que é a chave de todos os ritmos do universo. Procurando torná-los conscientes em si mesmos, vocês entram na harmonia cósmica e se opera uma troca entre o universo e vocês, pois, ao inspirar, vocês recebem elementos do espaço, e ao expirar, projetam de volta algo do seu coração e da sua alma.

Aquele que sabe harmonizar-se com a respiração cósmica entra na consciência divina. No dia em que vocês sentirem essa dimensão, desejarão trabalhar a vida inteira no inspirar a força e a luz de Deus, para em seguida darem essa luz ao mundo inteiro. Pois a expiração também é isto: distribuir a luz que conseguimos captar junto a Deus.

A respiração consciente proporciona bênçãos incalculáveis para a vida física, emocional, intelectual e espiritual. Vocês devem observar seus bons efeitos em seu próprio cérebro, em sua alma, em todas as suas faculdades; trata-se de um fator muito poderoso em todos os âmbitos da vida. Nunca deixem de lado essa questão.*

Como recuperar as energias

Vocês se deixam, com demasiada frequência, arrastar por toda essa agitação que se transformou no estado habitual dos seres humanos, e que é muito prejudicial para seu equilíbrio físico e psíquico. É preciso cuidar melhor do sistema nervoso, proporcionando-lhe periodicamente um repouso. Vocês podem, por exemplo, recolher-se num lugar calmo, deitar-se de bruços numa cama ou no chão, sobre um tapete, com os braços e as pernas relaxados; deixem-se ir como se estivessem mergulhando num oceano de luz, sem se mexer, sem pensar em nada... Um ou dois minutos depois, poderão se levantar recarregados. Só isso; é pouca coisa, mas é muito importante.

Naturalmente, vocês dirão que nem sempre é possível se deitar assim. Muito bem, fiquem sentados; o essencial é que consigam romper essa tensão em que vivem. É preciso saber parar, e não apenas uma ou duas vezes por dia, o que não basta, mas dez, quinze, vinte vezes. Pode durar apenas um minuto

---

* Ver *La respiration, dimension spirituelle et applications pratiques*, brochura nº 303.

ou dois; o essencial é que vocês se habituem a fazê-lo frequentemente. Toda vez que tiverem um momento livre, não importa onde, em vez de perder tempo ou se irritar porque alguém os faz esperar, aproveitem a oportunidade para se acalmar e recuperar seu equilíbrio: poderão assim, retomar suas atividades com novas forças.

O amor nos torna incansáveis

O grande segredo para manter nossa atividade nas melhores condições é aprender a trabalhar sempre com amor. É o amor que fortalece, vivifica, ressuscita. Quando não temos esse amor e consideramos nosso trabalho meramente como um ganha-pão, não colhemos bons resultados. Claro, ganhamos algum dinheiro, mas perdemos a alegria, perdemos o entusiasmo, ficamos irritáveis e a saúde é prejudicada. Trabalhem durante horas com amor, e não se sentirão cansados; mas trabalhem somente alguns minutos sem amor, com raiva e revolta, e tudo se bloqueia dentro de vocês, deixando-os sem força.

É preciso entender a eficácia, a força do amor. Tudo que vocês fizerem, façam com amor, ou então não façam! Pois aquilo que vocês fazem sem amor os deixa cansados, os envenena, e não se espantem se depois vocês ficarem exaustos, doentes. Muitos se perguntam como tornar-se incansáveis! O segredo é amar aquilo que fazemos, pois o amor desperta todas as energias.

O progresso tecnológico libera o homem para o trabalho espiritual

Não é porque a ciência e a tecnologia fornecem diariamente novos aparelhos e novos produtos que facilitam a vida que vocês devem se entregar. Cada um desses aperfeiçoamentos deve ser considerado como uma possibilidade de se dedicar a atividades espirituais. Eis o verdadeiro significado do progresso tecnológico: liberar o homem, sim, mas tendo em vista outras tarefas. Vocês precisam trabalhar menos na matéria exterior? É para ter mais tempo de trabalhar na sua matéria interior, de dominá-la, espiritualizá-la e tornarem-se assim uma presença benéfica para o mundo inteiro. Depois de cada esforço, de cada exercício, a vida adquire uma outra cor, um outro gosto. Quantas pessoas que vivem na fartura material acabam ficando tão indiferentes que não sentem mais a menor alegria! É porque, interiormente, essas pessoas não têm mais nenhuma atividade, nenhuma vida intensa. Se fossem esclarecidas, continuariam a aproveitar tudo, mas sem deixar de fazer um trabalho interior. Pois é esse trabalho que dá gosto às coisas.

Arrumem sua casa interior

Vocês devem aprender a dar ênfase às possibilidades do mundo interior, pois é lá, no seu âmago, que vocês estão constantemente mergulhados. Não estão sempre olhando, ouvindo, tocando ou saboreando alguma coisa exterior a vocês, mas estão sempre consigo mesmos, nesse mundo interior cujas riquezas não sabem ainda usar completamente. Esse mundo lhes pertence: aonde quer que vão, vocês o levam consigo e podem contar com ele, ao passo que o mundo exterior sempre pode reservar-lhes algumas decepções. É possível que, por um momento, vocês imaginem ter algo, mas pouco tempo depois não têm mais nada, esse algo foi perdido ou levado por outrem. Se estiverem em busca da abundância, da plenitude, saibam que é em si mesmos que poderão verdadeiramente encontrá-las. Vocês não se conhecem, não sabem tudo o que possuem, todos os tesouros, conhecimentos e possibilidades que Deus colocou em vocês. Precisam fazer um esforço para sentir e utilizar todos esses recursos.

Vou dar-lhes uma imagem. Certas pessoas souberam organizar tão bem seu apartamento ou sua casa que não gostam muito de sair e estar em lugares onde terão de suportar barulho, poeira, engarrafamentos. Ao passo que outras, vivendo miseravelmente num barraco sem a menor comodidade, estão sempre buscando oportunidades de escapulir (o que por sinal não é a verdadeira solução, mas enfim...). Pois então vamos transpor. O espiritualista é aquele que organizou tão bem o seu foro íntimo que nada falta nele: poesia, cores, música, tudo existe ali, e ele sofre quando é obrigado a "sair" e deixar para trás essa beleza. Ao passo que as pessoas comuns, que nunca fizeram nada para tornar habitável seu foro íntimo, só pensam em distrair-se em outros lugares. Quando se veem novamente sós consigo mesmas, entediam-se, é um horror.

Então, reflitam um pouco para ver qual é a situação mais vantajosa. Como vocês estão dia e noite consigo mesmos, não é muito mais proveitoso melhorar esse lugar do qual não se afastam nunca? Por que deixar o seu foro íntimo abandonado, como um barraco de vidros quebrados, com aranhas tecendo suas teias por toda parte? A partir de agora, pensem mais em embelezar, enriquecer e harmonizar tudo dentro de si mesmos; não só se sentirão muito bem em casa como poderão receber convidados nessa morada tão magnífica. Sim, os espíritos luminosos ficarão felizes de poder visitá-los; talvez até decidam instalar-se definitivamente, e vocês é que se beneficiarão de tais presenças.

O mundo exterior é um reflexo do seu mundo interior

Saibam que não podem encontrar exteriormente nada que já não tenham encontrado em vocês. Pois mesmo aquilo que vocês encontram exteriormente, se já não tiverem encontrado interiormente, passará despercebido. Quanto mais vocês tiverem descoberto interiormente o amor, a sabedoria e a beleza, mais poderão descobri-los ao seu redor. Vocês imaginam que se não estão vendo certas coisas, é porque elas não estão presentes. Elas estão ali, sim, e se vocês não as veem é porque não as desenvolveram suficientemente dentro de vocês. O mundo exterior é feito apenas de reflexos do mundo interior, logo, não se iludam, vocês nunca encontrarão a riqueza, a paz e a felicidade exteriormente se não tiverem feito antes o esforço de encontrá-las interiormente.

Preparem o futuro vivendo bem o presente

Muitas vezes vocês se preocupam com o futuro, pensando que não estão imunes a acidentes, à doença, à miséria... Mas por que envenenar suas vidas imaginando o que pode acontecer de ruim? Não se pode saber o que o futuro reserva, é verdade, mas a melhor maneira de evitar as adversidades temidas é tentar viver com sensatez no presente. O futuro será tal qual o que vocês estão construindo no presente. Portanto, é o "agora" que conta. Assim como o presente é uma consequência, um resultado do passado, o futuro é um prolongamento do presente. Tudo está ligado, o passado, o presente e o futuro não são separados. O futuro será erguido sobre os alicerces que vocês lançam agora. Se eles forem ruins, evidentemente, é melhor não esperarem um futuro excepcional; mas se forem bons, não adianta se preocupar: com tais raízes, vocês terão tal tronco, tais ramos e tais frutos.

O passado é passado, mas trouxe ao mundo o presente, que contém as raízes do futuro. Cabe a vocês, portanto, construir já agora o seu futuro, melhorando o presente.

Para isso, terão diariamente de se perguntar: "Vejamos, o que foi que eu disse hoje, o que foi que eu fiz? Quais foram meus sentimentos, meus pensamentos?" E se não agiram bem, se tiveram maus sentimentos, maus pensamentos, saibam que estão alinhados com as forças da escuridão, e que elas destruirão seu futuro.

Se vocês viveram mal determinado dia, tentem pelo menos neutralizar os efeitos antes de dormir, tendo os melhores pensamentos e tomando as melhores decisões para o dia seguinte. Como abelhas, esses pensamentos limparão, consertarão tudo durante a noite, e vocês começarão o dia seguinte em melhores condições.

Saboreiem a plenitude do presente

Certas pessoas vivem exclusivamente no passado, em seu passado; são como prisioneiras dos eventos que ocorreram em suas vidas, e não podem mais avançar. Outras, pelo contrário, estão mergulhadas no futuro, mas num futuro fantasmagórico, criado pela imaginação e que jamais se concretiza. É bom voltar de vez em quando ao passado, mas apenas para ver onde foi que cometemos erros, onde agimos bem, e tirar as devidas lições. Temos aí um verdadeiro tesouro de experiências, do qual podemos nos servir para melhor viver o presente.

Mas ao mesmo tempo em que extraímos lições do passado, é benéfico mergulhar no futuro distante, perguntar-nos como é que Deus contempla esse futuro para a humanidade, em qual esplendor, em qual luz ela viverá. Claro, muitas pessoas pensam no futuro, mas que futuro? Elas dizem a si mesmas: "Daqui a alguns anos vamos nos casar, teremos filhos, um galinheiro, uma casinha, para fumar tranquilamente o cachimbo na varanda, vendo passarem as vacas... ou os trens! E após ter respirado um pouco de poeira, depois iremos para dentro, comer, brindar e nos deitar." Meu Deus, que belo futuro! Vocês dirão: "Mas não é assim que nós..." Sim, eu sei, vocês pensam que vão ganhar dinheiro, que farão negócios, que de alguma maneira colherão glórias, que serão professores universitários, homens de negócios, ministros ou chefes de Estado, que terão uma linda jovem para beijar dia e noite... Mas o que significa tudo isso? É lamentável!

Vocês precisam agora aprender a olhar além desse futuro duvidoso, buscando novos horizontes, abrindo janelas para o infinito, para ver qual será realmente o futuro da humanidade, como é que Deus os vê, tratando já de antecipar esse futuro. E não levem em conta a questão do tempo, nunca digam: "Sim, mas a essa altura não estarei mais vivo, não será mais a minha época", pois ao dizê-lo vocês impedem seu próprio acesso à verdadeira beleza, se impedem de compreender o verdadeiro sentido da vida.

O presente deve ser o tempo da ação consciente, esclarecida, que extrai a sabedoria das lições do passado, mas também é estimulada pelas possibilidades do futuro. Eis a perfeição: as lições do passado (e Deus sabe como o passado da humanidade nos trouxe lições!) e o futuro com suas promessas infinitas. Se vocês sabem como viver no presente expressando as experiências do passado e os esplendores do futuro, estão se aproximando da Divindade. O que cantam os Serafins ante o trono de Deus? "Santo, Santo, Santo é o Senhor Deus, o Todo-Poderoso, que era, que é, e que há de vir a ser." Dessa forma, sua consciência pode se ampliar até as dimensões da consciência divina.

A importância do começo

Ter consciência das forças que movimentamos

Nunca devemos empreender algo sem tomar conhecimento das forças que colocamos em movimento. Pois o essencial é o começo. É lá, no começo, que são desencadeadas as forças, e essas forças não se detêm no meio do caminho, elas vão até o fim. Vocês estão numa montanha, veem acima uma enorme rocha a ponto de despencar pela encosta ao menor abalo; depende de vocês deixá-la tranquila ou precipitar sua queda. Se a puserem em movimento, será impossível detê-la depois: ela os esmagará, e a muitas outras pessoas além de vocês. E se abrirem as comportas de uma represa, tentem depois conter a água!... É sempre fácil desencadear forças ou acontecimentos, mas muito difícil direcioná-los, orientá-los e, portanto, dominá-los. A expressão "aprendiz de feiticeiro" fala justamente daquele que desencadeou imprudentemente correntes que não é capaz de conter ou orientar. Quando uma rebelião é desencadeada por agitadores, não é mais possível contê-la, ela escapa ao controle.

Antes de dizerem uma palavra, dirigirem um olhar, escreverem uma carta, tomarem uma iniciativa, vocês têm todos os poderes, mas em seguida, acabou, serão apenas espectadores, e às vezes até vítimas. Seja no plano físico, no plano astral ou no plano mental, a lei é a mesma. Quando sentirem a raiva subir, se decidirem imediatamente contê-la, ela não explodirá, mas se a deixarem explodir, não poderão mais deter seu curso. O que também se aplica a certas ideias: se permitirem que se instalem em vocês, elas acabarão por se tornar inarredáveis. Sejam, então, vigilantes, não esqueçam nunca que é no início que vocês detêm o verdadeiro poder.

Buscar a luz antes de agir

Antes de se lançarem num empreendimento de alguma importância, a primeira coisa a fazer é se recolher, ligar-se ao mundo invisível, para dispor das melhores condições de ação. Quando estamos perturbados, desorientados, só podemos cometer erros, confundir as coisas ou destruí-las. E é o que frequentemente acontece: as pessoas agem precipitadamente, às cegas, e os resultados não são lá muito bons.

Para agir corretamente, vocês devem antes de mais nada buscar a luz. O que aliás se aplica também no plano físico: vocês são acordados à noite por um ruído, alguma coisa que caiu e quebrou, ou alguém que entrou... Se precipitarão de qualquer maneira no escuro? Não, pois sabem que é muito arriscado. A primeira coisa que fazem é acender uma lâmpada para enxergar, e só então agem. Pois bem, em qualquer situação na vida, é preciso antes de tudo acender a luz, ou seja, concentrar-se, recolher-se para saber como agir. Se não dispuserem dessa luz, vocês irão para a esquerda, para a direita, baterão em várias portas, experimentarão todos os tipos de recursos, que se revelarão ineficazes.

Por isso, antes de empreender alguma coisa de importância, vocês devem concentrar seu pensamento durante alguns minutos no mundo da luz, perguntando como agir. A resposta virá na forma de uma ideia ou de um sentimento preciso, ou ainda de uma imagem simbólica. Se a resposta for clara, vocês podem ir em frente. Mas se sentirem uma hesitação, uma apreensão, algo confuso ou uma contradição, é porque seu caminho está barrado por obstáculos ou inimigos. Nesse caso, transfiram para o dia seguinte, deixem a questão de lado e esperem até que seu caminho esteja claro e desimpedido.

Estar sempre atento ao primeiro movimento

No momento de iniciar um novo trabalho, cuidem de manter-se calmos, concentrem toda sua atenção no primeiro gesto, no primeiro movimento, e executem-no com exatidão, sem erro. Repitam-no em seguida um pouco mais rapidamente e continuem a repeti-lo até alcançarem o ritmo e a velocidade pretendidos: verão que ele lhes parecerá cada vez mais fácil, ao mesmo tempo mantendo-se impecável. Quaisquer que sejam os gestos, os atos que tenha de executar, se forem capazes desde o início de imprimir-lhes um bom cunho, vocês conseguirão repeti-los sempre corretamente.

Se hoje cometem erros em determinado terreno, é porque no passado, sem se darem conta, deixaram marcas defeituosas. O primeiro movimento, o primeiro gesto, o primeiro contato com determinado objeto ou pessoa, se não mereceu a devida atenção, se deu lugar a erros, fará com que vocês sintam as consequências: os erros se acumulam e se agravam com o passar do tempo. É muito difícil consertar no presente os erros inscritos em nós no passado, mas é fácil aprender a imprimir corretamente novas marcas.

Conscientizar-se dos hábitos mentais

Os seres humanos raramente têm consciência de seus hábitos mentais. Alguns, ao terem de iniciar um trabalho, logo ficam tensos, se irritam; outros, diante de cada situação nova, mostram-se inicialmente pessimistas, cheios de dúvidas ou aflitos; outros ainda se revoltam, outros desanimam... Entretanto, como são atitudes de que sequer se dão conta, eles não podem remediá-las, e em qualquer situação encontram sempre um pretexto para se mostrarem negativos. A primeira coisa a fazer, portanto, é estudar a si mesmos para conhecer as próprias maneiras de reagir. A partir do momento em que vocês veem com clareza como as coisas se passam em si mesmos, já dispõem de meios para enfrentar as situações: imediatamente vocês recebem um impulso para mobilizar todas as possibilidades que Deus colocou na sua subconsciência, na sua consciência e na sua superconsciência: é assim que, a cada dia, conseguem progredir, graças ao hábito que adquiriram de estudar a si mesmos e terem lucidez a seu próprio respeito.

Atenção e vigilância

A atenção tem vários aspectos. O mais conhecido é, naturalmente, a constante concentração necessária para executar corretamente o trabalho, ouvir uma palestra ou ler um livro. Mas também existe outra atenção que se chama observação de si mesmo, introspecção. Ela consiste em se dar conta, a cada momento do dia, daquilo que acontece em nós, para distinguir as correntes, os desejos e os pensamentos que nos percorrem. Essa atenção é que ainda não está suficientemente desenvolvida. Por isso, quando chega o momento de resolver um problema, de entender uma questão importante, a mente está cansada, nublada, e não fazemos nada de bom.

Para que sua mente esteja sempre lúcida, disponível, vocês devem manter-se atentos, prudentes, comedidos e equilibrados em suas atividades, caso contrário, ainda que a Verdade se apresente à sua frente, não entenderão nada. Para enfrentar de maneira sensata e inteligente todas as situações que se apresentam, vocês precisam manter o pensamento sempre desperto e vigilante. Aquele que não se mantém vigilante, que fecha os olhos, expõe-se a todos os perigos. Não existe nada pior que viver de olhos fechados. É preciso manter os olhos abertos para se dar conta constantemente dos estados de consciência em que nos encontramos. Somente aquele que mantém os olhos abertos tem a inteligência da vida interior, sem deixar-se amarrar por qualquer força, qualquer entidade. Um homem adormecido... É tão óbvio que qualquer um pode tomá-lo de surpresa!

Pois então é isto: cuidem da atenção interior, essa atenção de cada momento, para saber sempre o que está acontecendo dentro de vocês.

Pratiquem. Não basta fazer um exame de consciência à noite; a qualquer momento do dia vocês devem estar em condições de dizer quais são os desejos, os pensamentos e os sentimentos que os perpassam, conhecer a origem, a natureza deles e ser capazes, se necessário, de tomar precauções ou mesmo consertar os estragos causados por eles.

Na vida cotidiana, quando ocorre um acidente, vemos como os bombeiros ou os militares saem imediatamente para apagar um incêndio, consertar pontes, desobstruir estradas, salvar feridos etc. No plano físico, achamos perfeitamente natural consertar logo os estragos. Mas no plano interior, não sabemos o que fazer, permitimos toda sorte de destruições, sem reagir. Mas não: cinco vezes, dez vezes, vinte vezes por dia, temos de olhar para nós mesmos e ver o que é preciso consertar, sem mais demora. Caso contrário, será tarde demais, estaremos desestruturados, aniquilados.

Ater-se a uma direção espiritual

Para efetuar um autêntico trabalho espiritual, devemos ater-nos a uma filosofia, a um sistema, e aprofundá-lo; caso contrário, acontece com o organismo psíquico exatamente o que se dá com o organismo físico. Se ingerirem todo tipo de alimentos exóticos, vocês ficam doentes; da mesma forma, o estômago psíquico pode ter uma indigestão com tudo aquilo que vocês o obrigam a absorver. O que podem fazer com uma mistura de tradições egípcias, hindus, tibetanas, africanas, chinesas, hebraicas e astecas? Se pelo menos tivessem uma estrutura mental suficientemente sólida para saber como se orientar em meio a tudo isso! Muitos mal se mostram capazes de ter uma ideia clara sobre um único sistema filosófico, cabe perguntar aonde pode conduzi-los o desejo de ler tudo, conhecer tudo. A perder a cabeça, simplesmente. E depois, claro, a espiritualidade será acusada de desorientar as pessoas! Não é culpa da espiritualidade se os seres humanos acham que se trata de um parque de diversões com todo tipo de atrações, até as mais perigosas, como a droga, a magia negra e uma sexualidade desenfreada. Já é tempo de entender que a verdadeira espiritualidade significa ser cada um a expressão viva do ensinamento divino que segue.

Dar mais ênfase à prática que à teoria

Tentem compreender melhor a diferença entre o trabalho espiritual e o trabalho intelectual. Tomemos, por exemplo, uma laranja; intelectualmente, vocês podem aprender uma quantidade de coisas a seu respeito: sua origem, sua história, seu peso, sua forma, suas propriedades, os elementos químicos que a compõem, as diferentes maneiras de utilizá-la, até seu simbolismo... Numa escola iniciática, vocês talvez não aprendam nada disso, mas aprenderão o essencial: a saborear a laranja! Eis aí o trabalho espiritual. Não acumular tantos conhecimentos teóricos, mas "comer" a laranja, ou seja, aplicar, praticar. É mais difícil, requer esforço, mas somente assim nos transformamos.

Naturalmente, não se pode negar que seja interessante e mesmo útil conhecer as tentativas há séculos e milênios empreendidas pelos seres humanos para desvendar os mistérios do universo e se aproximar da Divindade, mas não é suficiente. Como essas religiões e esses sistemas filosóficos só falam da nossa divinização, do nosso esplendor, da nossa perfeição, é preciso fazer um esforço para realizar esse ideal. Não façam como essas pessoas que acorrem a palestras eruditas sobre a sabedoria e a ciência dos Iniciados do passado, sem se dar conta de que elas próprias se mantêm pequenas, mesquinhas, fracas e incapazes de conduzir sua própria vida de maneira sensata. É ridículo; isso não é espiritualidade.

Preferir as qualidades morais ao talento

Quando um homem ou uma mulher manifesta grande aptidão para a arte, as ciências ou o esporte, todos ficam maravilhados, todos apreciam; não se preocupam em saber se é bom, justo, honesto, generoso. Não, é o talento que todos consideram, admiram e tentam cultivar. Por isso é que hoje em dia a Terra está cheia de pessoas dotadas, talentosas, o que é formidável, elas estão por toda parte. Mas por que todos esses dons, essas capacidades, esses talentos não são capazes de salvar o mundo? Justamente porque não bastam. É maravilhoso ter recebido da Providência dons de poeta, de músico, de físico, de economista, de nadador etc., e poder desenvolvê-los, mas o mais importante é viver de acordo com as leis divinas, quer dizer, trabalhar diariamente para se tornar mais sábio, mais honesto, mais generoso, mais senhor de si. O mundo precisa mais de seres capazes de manifestar qualidades morais que de artistas, cientistas ou desportistas. Então, cuidado: vocês não se devem deixar impressionar tanto assim por essas pessoas talentosas nem ter jamais como ideal tornar-se como elas. O seu ideal deve ser o mais alto ideal: aproximar-se a cada dia da perfeição. E a perfeição é tornar-se luminoso, caloroso, vivificante como o sol, para despertar, esclarecer, estimular e fertilizar todas as criaturas.

Estar satisfeito com o próprio destino e descontente consigo mesmo

Existem várias maneiras de estar satisfeito. A primeira é a dos animais: satisfeitos com o próprio destino, não veem as próprias limitações e portanto não procuram livrar-se delas para progredir. Mas essa mentalidade, normal no caso dos animais, não é benéfica para os seres humanos... embora muitos se contentem com ela. Uma segunda maneira de estar satisfeito com o próprio destino chama-se aceitação. O homem compreende que as provações por que passa resultam de seus erros passados e as suporta. Mas não para por aí: sabe que precisa se esforçar para corrigir esses erros, preencher essas lacunas. Isto é sabedoria. É necessário aceitar o próprio destino como consequência dos erros cometidos nas vidas anteriores, mas nunca estar satisfeito com seu grau de evolução atual, querendo sempre progredir.

A insatisfação consigo mesmo é um sentimento que pode estimulá-los, levá-los a progredir. Entretanto, para que essa insatisfação não se transforme numa obsessão destruidora, é preciso restabelecer o equilíbrio. Como? Sentindo-se satisfeitos com os outros. Essa atitude interior os impedirá de cair num estado demasiado negativo, que poderia levá-los a um total desânimo. Trate de encontrar o bem e a beleza em todos os seres, particularmente naqueles que contribuíram, com seu gênio e suas virtudes, para a evolução da humanidade. Desse modo, vocês estarão sempre maravilhados, sem correr o risco de caírem no desespero.

O trabalho espiritual nunca fica sem resultados

Nada é mais importante, mais salutar, que desenvolver o gosto pelas atividades espirituais, amá-las e não mais deixar que se passe um único dia sem se ligar ao Céu, meditar, orar... Várias vezes por dia, parem durante alguns minutos, tratando de encontrar em si mesmos o seu ponto de equilíbrio, o seu centro divino. Começarão então a sentir que, em todas as circunstâncias da vida, contam com um elemento eterno, imortal, indestrutível em seu interior... Ainda que isso não possa ser visto, ainda que ninguém aprecie seus esforços, ainda que no plano material vocês não extraiam daí qualquer benefício, nunca deixem de acumular riquezas espirituais, pois se tornarão interiormente mais livres, mais fortes, planando acima dos acontecimentos. Esse trabalho espiritual é a única riqueza, o único bem que realmente lhes pertence. Tudo mais pode ser-lhes retirado; só o seu trabalho é seu para sempre.

A regeneração de nossos corpos físico, astral e mental

Cada pensamento, cada sentimento, cada desejo, cada ato tem a propriedade de atrair do espaço os elementos materiais que lhe correspondem. Pensamentos, sentimentos, desejos e atos luminosos, desinteressados, calcados numa vontade firme, atraem partículas de uma matéria pura, incorruptível. Se vocês trabalharem diariamente pela qualidade de sua vida psíquica, no sentido de atrair essa matéria, ela entra e se instala em todo o seu organismo, encontra lugar nele, expulsando todas as velhas partículas empoeiradas, desbotadas, mofadas. É assim que, aos poucos, conseguem renovar os seus corpos físico, astral e mental.

Contemplando o mundo divino sob todas as suas formas de luz, beleza, música e harmonia, vocês recolhem partículas novas; e como cada uma dessas partículas é viva, ela não vem sozinha, pois traz as forças, os espíritos que lhe correspondem. Sua tarefa, portanto, consiste em trabalhar diariamente para substituir em vocês mesmos as partículas já envelhecidas por novas partículas celestes e radiantes.

Alguém pode perguntar: "Mas por que tanto trabalho em busca de resultados que durarão apenas uma vida? Será que vale a pena?" Vale sim, pois na realidade é o único trabalho cujos resultados são definitivos. Quando vocês deixarem a Terra, as únicas riquezas que poderão levar serão as riquezas interiores que tiverem adquirido por seus próprios esforços. E quando retornarem para uma nova encarnação, as trarão consigo: desde a concepção, desde a gestação, a matéria de seus corpos físico, astral e mental será modelada, formada exatamente de acordo com as qualidades e as virtudes que tiverem desenvolvido na atual encarnação.

Busquem a cada dia o seu alimento espiritual

Pela manhã, ao contemplar o sol, pensem que esses raios que vêm até vocês são seres vivos que podem ajudá-los a resolver seus problemas do dia; mas somente os do dia, e não os do dia seguinte. No dia seguinte, vocês terão de consultá-los novamente, e, mais uma vez, por um dia apenas. Eles jamais lhes responderão por dois ou três dias antecipadamente. Dirão: "Não se preocupe. Volte amanhã e nós lhe responderemos." Diariamente, ao comer, vocês não fazem provisões no estômago para uma semana, mas apenas para o dia: comem para hoje, e amanhã comerão de novo. Com a luz é a mesma coisa, pois a luz é um alimento que vocês devem absorver e digerir diariamente, para que ela se transforme dentro de vocês em sentimentos, pensamentos, inspirações...

Por que não aplicamos à luz a mesma lógica aplicada ao alimento? Dizemos: "É verdade, eu comi ontem, mas já não conta, hoje quero comer." O mesmo acontece no caso da luz: vocês precisam dela diariamente para se alimentar.

Revisem periodicamente sua própria vida

Para o seu bom desenvolvimento, é salutar acostumar-se a revisar periodicamente a sua vida. Por quê? Porque muitas vezes, em virtude das atividades e preocupações com que vocês se defrontam, sua vida tende a tomar uma orientação que os afasta cada vez mais do seu ideal espiritual. Esquecem que ficarão pouco tempo na Terra, que deixarão aqui todas as suas aquisições materiais, assim como seus títulos e sua posição social, pelos quais batalham tanto. Todo mundo sabe disso? Sim, todo mundo sabe, mas todo mundo esquece, e vocês também, deixando-se arrastar pelos exemplos que veem ao seu redor. Por isso é que é indispensável fazer de vez em quando uma pausa e olhar para trás, analisar a direção que está sendo tomada, as atividades com que estão envolvidos, fazendo a cada vez uma triagem para preservar apenas o essencial.

Conciliem o fim e os meios

Um dos motivos pelos quais vocês não progridem em seu trabalho espiritual é o fato de se permitirem o cultivo de uma quantidade de atividades que não têm qualquer relação com esse trabalho, imaginando que elas não os afastarão das alturas que pretendem atingir. Não, a realidade é que, se vocês se permitirem experimentar isso, provar aquilo, sem se preocupar com a qualidade e a natureza dessas experiências, no momento em que quiserem elevar-se interiormente não conseguirão se desvincular. A partir do momento em que alimentam um grande ideal de elevação espiritual, ficam obrigados, para alcançá-lo, a renunciar a certas coisas. Se alguém passou a noite entregue a todo tipo de divertimentos e agitações, vocês acreditam que na manhã seguinte estará disposto a meditar?

Se certas pessoas não conseguem progredir, apesar das explicações e dos métodos que lhes são constantemente apresentados, é porque ainda têm demasiadas preocupações e atividades estranhas à vida espiritual: dinheiro, conforto, prazeres, posição social... Não estou dizendo que todas essas preocupações devam ser suprimidas: elas não são absolutamente inconciliáveis com a vida espiritual, mas, para isso, é preciso antes de mais nada resolver uma questão: a dos fins e dos meios. Pensem em todas as faculdades de que os seres humanos são dotados e no uso que delas fazem. Elas estão mobilizadas a serviço de quê? Do sexo, do ventre, das paixões. Muito bem, a partir de agora, vocês devem fazer o contrário: pôr todas as suas faculdades a serviço de um ideal elevado, a serviço do espírito, da luz.

Analisem a si mesmos e verão todos os dons divinos de que são dotados e que são sacrificados aos caprichos da natureza inferior. E depois se queixam: "Não sei mais o que está acontecendo!" É normal: quando desejamos e acumulamos em demasia elementos heterogêneos, logo nos vemos mergulhados até o pescoço nas contradições.

Tomemos o exemplo do diamante: se ele é tão puro, é por não conter misturas, sendo constituído de carbono puro. Se for acrescentado algum outro elemento, ele não será mais um diamante. Os discípulos que querem tudo provar, tudo tocar, tudo experimentar, tudo conhecer perdem seu valor de diamante, já não passam de pedras opacas. O verdadeiro discípulo deve dirigir-se para um objetivo único, ter um único ideal, um único desejo, um único alimento. E assim ele viverá verdadeiramente na luz.

Corrijam rapidamente seus erros

Nunca deixem suas inquietações internas se ampliarem a ponto de não poderem mais ser remediadas. Suponhamos que vocês tenham inadvertidamente colocado os pés no cimento fresco, e comecem a pensar em outra coisa, esquecendo de retirá-los: o que vai acontecer? O cimento vai endurecer, tornando-se tão sólido que, para soltar seus pés, será necessário buscar ferramentas, quebrar o cimento, e vocês podem até se machucar. Pois bem, é assim que as coisas se apresentam na vida interior: quando não tratamos rapidamente de corrigir certos erros, certas deficiências, depois já é tarde, o conserto sai caro demais e pode causar outros estragos.

Fechem a porta às entidades inferiores

Nossas fraquezas são como portas pelas quais tentam infiltrar-se as entidades que querem nos prejudicar. Quando nos entregamos a certas fraquezas, damos o direito a essas entidades de se introduzirem e nos atormentar. Se lhes opomos resistência, se não sucumbimos, elas não têm sobre nós qualquer poder. Por isso é que lhes digo: as entidades negativas só têm o poder que vocês lhes conferem. Se não quiserem saber delas, não lhes abram a porta! Elas não os forçam, apenas dão sugestões, e vocês é que dizem sim. A maioria das pessoas imagina que seus infortúnios chegam de repente, sem mais nem menos, bruscamente. Mas não, as próprias pessoas preparam seus infortúnios, chamam-nos, abrem-lhes a porta. Como? Entregando-se a certos desejos, certas fraquezas, certas transgressões: é nesse momento preciso que os diabos encontram a porta aberta e entram. Portanto, atenção, mantenham suas portas bem fechadas para eles.

As ideias determinam os atos

Vocês dizem que se esforçam para se transformar mas que não conseguem, que suas boas decisões de nada servem? Não desanimem, as transformações profundas não se operam imediatamente, é necessário tempo. Se mantiverem suas resoluções constantemente presentes em sua cabeça, mais cedo ou mais tarde acabarão por agir como desejam.

Observem uma serpente: quando quer meter-se num buraco, ela começa por introduzir a cabeça, e, qualquer que seja o comprimento do corpo, a cauda é obrigada a acompanhar. Como o movimento é sinusoidal, a cauda pode dar a impressão de avançar em sentido inverso ao da cabeça, mas na realidade acaba sempre por passar por onde passou a cabeça, pois elas não estão separadas, e uma sempre segue outra. Simbolicamente, a cabeça representa a faculdade de refletir, raciocinar, tomar esta ou aquela orientação, e, obrigatoriamente, o resto do corpo, ou seja, a execução, a aplicação, acaba seguindo. É essa a vantagem de procurar sempre pensar corretamente; ainda que, no momento, vocês não ajam de acordo com suas ideias, se insistirem, mantiverem pelo menos uma boa atitude mental, acabarão atraindo todas as forças de resistência em si mesmos e agindo como prescreve o espírito.

A importância de uma boa filosofia ainda não foi plenamente compreendida. Muitos imaginam que podem deixar entrar quaisquer ideias na cabeça, sem que isso mude seu comportamento. Não, eles ainda não entenderam que a cauda segue a cabeça! Portanto, atenção, devemos vigiar diariamente os pensamentos que deixamos entrar na cabeça: se forem anárquicos, imorais, mais cedo ou mais tarde nosso comportamento também será anárquico e imoral. A lei vale tanto para o mal quanto para o bem.

Nossos esforços são mais importantes que os resultados

O que conta para o Céu não são os êxitos que vocês alcançam, mas os esforços que fazem, pois só os esforços os mantêm no bom caminho, ao passo que os sucessos os impelem muitas vezes a afrouxar a vigilância. Ainda que vocês não tenham obtido êxito, ainda que não tenham alcançado nenhum resultado, não importa: pelo menos trabalharam.

Não peçam o sucesso, pois ele não depende de vocês, mas do Céu, que o concederá quando julgar oportuno. O que depende de vocês são os esforços, pois o Céu não pode empreendê-los no seu lugar. Assim como ninguém pode comer por vocês, o Céu não pode fazer esforços no seu lugar; cabe a vocês fazê-los. E o sucesso é determinado por ele, quando e como quiser, em função do que considerar preferível para a sua evolução.

Por sinal, os esforços trazem em si mesmos a recompensa. Depois de cada esforço, depois de cada exercício do pensamento, a vida adquire outra cor e outro sabor. Portanto, apenas trabalhem, sem jamais estabelecer prazo para a realização de suas aspirações espirituais. Se fixar uma data para alcançar este ou aquele resultado interior, a vitória sobre este ou aquele dos seus defeitos, vocês conseguirão apenas ficar tensos, e seu desenvolvimento não se dará tão harmoniosamente. Precisamos trabalhar no sentido de nos aperfeiçoarmos, sem fixar data, pensando que se tem a eternidade pela frente e que mais cedo ou mais tarde se chegará a atingir essa perfeição desejada. Atentem apenas para a beleza do trabalho que empreenderam e digam: "Como é tão belo, não estou preocupado em saber de quantos séculos ou milênios precisarei para chegar lá!"

Aceitar os fracassos

Aquele que sente que não consegue manifestar as qualidades pelas quais trabalha não deve desanimar ou revoltar-se. Diante dos fracassos, é preciso ser humilde, caso contrário ficará provado que nosso raciocínio não chegou a lugar algum. E a culpa é sempre da natureza inferior, que conseguiu imiscuir-se num momento em que encontrou condições muito favoráveis. Um fracasso é como se o Céu tivesse dito a certas pessoas ou às circunstâncias: "Vamos pressioná-la um pouco, diga-lhe algumas palavras para ver o que acontece." E o que acontece é um tumulto que prova que vocês não estavam preparados para enfrentar as provações. Os fracassos não devem entristecer-nos nem nos desanimar, caso contrário fica demonstrado que somos apenas uns pretensiosos que desejam coisas ainda irrealizáveis; se não formos capazes de superar a decepção, acabaremos por nos destruir. Não é proibido entristecer-se, mas somente com os insucessos ou infortúnios dos outros, e não com os próprios desejos, ambições ou pretensões frustrados.

Se perceberem que ainda não conseguem adquirir uma qualidade, vencer um defeito, superar um mau hábito, em vez de se revoltar ou desanimar, digam apenas: "No passado não fiz meu trabalho como devia, e agora tudo é difícil". É o que vocês devem dizer a si mesmos, e voltar imediatamente ao trabalho. Sim, ainda que só lhes reste um ano de vida, um único ano, é preciso continuar, continuar... Vocês verão as mudanças que acontecerão. Pois nós levamos conosco todas as aquisições espirituais que fazemos quando tentamos sinceramente nos aperfeiçoar.

A imaginação como método de trabalho sobre si mesmo

Muitas vezes, constatando como é difícil corrigir nossos próprios defeitos, sentimo-nos infelizes, desanimados. Na realidade, em vez de deter-se nas fraquezas, que resultam das desordens a que nos entregamos no passado, mais vale preocupar-se com o que deve ser feito para o futuro, e dizer a si mesmo: "Agora vou consertar tudo, reconstruir tudo", e diariamente, com uma fé inabalável, uma convicção absoluta, trabalhar nesse sentido, ou seja, utilizar todos os elementos que nos foram dados por Deus — a imaginação, o pensamento, o sentimento — e se recriar, se modelar tal como gostaríamos de ser. Imaginem-se cercados de luz, apoiando com seu amor, com sua generosidade todos os que necessitam, resistindo às dificuldades e às tentações... Pouco a pouco, as imagens que formam dessas qualidades tornam-se vivas, agem sobre vocês, transformam-nos atraindo do universo os elementos adequados para introduzi-los em vocês.

Claro, é necessário muito tempo e muito trabalho até chegar a um resultado, mas um dia esse resultado vem, não duvidem disso. Sintam acima de vocês uma entidade viva que os protege, os instrui, os purifica, os esclarece e, nos casos difíceis, proporciona-lhes o apoio de que precisam. Quando tiverem formado durante muito tempo essa imagem de perfeição no plano mental, ela descerá ao plano físico pouco a pouco para se concretizar nele.

A música, esteio do trabalho espiritual

Aprendam a utilizar a música para fazer um trabalho interior: ela os ajudará a realizar seus melhores desejos. Vocês desejam tantas coisas boas, mas não sabem o que fazer para obtê-las. Acontece que a música, justamente, é uma ajuda muito poderosa para a realização. Ao ouvi-la, em vez de permitirem que seu pensamento vague daqui para ali, concentrem-se naquilo que mais desejam. Se for saúde, imaginem-se como um ser saudável: o que quer que façam, seja caminhar, falar, comer, vocês ostentam uma saúde radiante e fazem com que todos ao seu redor sejam saudáveis. Se o que lhes faltar for a luz, a inteligência, utilizem a música para imaginar que estão aprendendo, que compreendem, que são penetrados pela luz e até mesmo propagam e proporcionam a luz aos outros. Se quiserem adquirir beleza, força de vontade ou estabilidade, ajam da mesma maneira. Façam esse trabalho em todos os campos nos quais sentirem que existe em vocês uma lacuna.

A influência benéfica de um grupo espiritual

Quantas pessoas sentem que não estão no bom caminho: sua alma, sua consciência se revolta e elas decidem mudar sua maneira de viver. Têm êxito durante algum tempo, mas novamente se deixam desencaminhar. E então, lamentam-se, rezam, tomam novas decisões, mas de novo perdem o rumo. Naturalmente, já é alguma coisa dar-se conta de que se está sem rumo, mas não é o suficiente, é necessário conseguir perseverar nas boas resoluções. Por isso é tão necessário, e mesmo indispensável para o nosso bem, ter um grupo espiritual, uma fraternidade espiritual, pois nos proporciona as melhores condições para nos manter no bom caminho. Quando ficamos cansados, com vontade de largar tudo, nos encoraja, nos reanima ver que os outros perseveram.

À parte casos absolutamente excepcionais, os seres humanos precisam de apoio, estímulo, pois sempre há um momento ou outro em que seu ardor espiritual fraqueja. Vocês talvez digam que não têm a menor vontade de serem influenciados, que querem ter liberdade de fazer o que lhes agrada, e por isso não desejam entrar para um grupo no qual se sentiriam limitados. Pois bem, é porque vocês não são inteligentes. Uma pessoa inteligente entende que precisa ser protegida e coloca-se numa situação em que será impedida de cometer loucuras, ficando livre, pelo contrário, para se lançar em projetos benéficos, luminosos.

Contem apenas com o seu trabalho

A partir do momento em que sua atividade é benéfica e desinteressada, confiem nas leis divinas: seus esforços serão recompensados um dia. Vocês pronunciam uma palavra, fazem um gesto, têm um desejo, um pensamento: em seguida eles são registrados, classificados, e um dia dão resultados. É com essas leis que devemos contar; tudo pode mudar ao seu redor, exceto essas leis. Seus amigos podem traí-los, sua família pode estar ocupada com outras coisas e esquecê-los, mas essas leis estarão sempre aí para enviar-lhes exatamente o que vocês merecem, em função da maneira como trabalharem. Contem apenas, portanto, com seu trabalho.

Vocês dirão: "Mas o Senhor, os anjos, os santos, não podemos contar com eles?" Sim, mas desde que tenham trabalhado. Se não tiverem plantado nenhum grão, ainda que peçam a ajuda do Senhor, nada germinará. O Senhor fez leis que os homens devem conhecer, e se eles não quiserem conhecê-las, Ele não vai revolucionar a ordem do universo para agradar a ignorantes. Plantem um grão, e todas as leis da natureza contribuirão para fazê-lo germinar. Isso significa que é preciso contar antes de mais nada com o próprio trabalho, e depois com o Senhor, isto é, com as leis que Ele estabeleceu no universo.

Vivam na poesia

Andando pelas ruas e lojas, tomando o trem, o ônibus ou o metrô, vemos praticamente por toda parte apenas rostos desanimados, tristes, tensos, fechados, revoltados. Não é um belo espetáculo! E ainda que não tenhamos nenhum motivo para estar tristes ou infelizes, somos assim desagradavelmente influenciados: voltamos para casa com um mal-estar que transmitimos a toda a família. É essa a vida lamentável que os seres humanos estão continuamente criando uns para os outros. Por que não se esforçam por apresentar sempre um rosto aberto, sorridente, luminoso? Eles não sabem como viver essa vida poética graças à qual poderão ficar maravilhados uns com os outros. A verdadeira poesia não está na literatura, a verdadeira poesia é uma qualidade da vida interior. Todo mundo gosta de pintura, de música, de dança, de escultura, das artes; por que então não fazer com que a própria vida interior fique em harmonia com essas cores, esses ritmos, essas formas, essas melodias?

É a poesia que amamos nos seres e que neles buscamos: alguma coisa leve, luminosa, que precisamos contemplar, sentir, respirar, algo que acalma, que harmoniza, que inspira. Mas quantas pessoas que ainda não compreenderam isso vivem sem jamais se preocupar com a impressão penosa que causam nos outros! Lá estão elas, desagradáveis, mal-humoradas, com os lábios cerrados, as sobrancelhas franzidas, o olhar desconfiado, e ainda que tentem melhorar sua aparência exterior com toda espécie de truques, sua vida interior prosaica, comum, sempre transparece.

A partir de agora, então, deixem de relegar a poesia aos poetas que a escrevem. A vida que levam é que deve ser poética. Sim, a arte nova significa aprender a criar e propagar poesia em torno de si, ser caloroso, expressivo, luminoso, vivo!

Conhecer-se bem para agir bem

Se vocês não se conhecem bem, se não têm uma consciência clara de suas qualidades e seus defeitos, de suas capacidades e suas fraquezas, não poderão ter êxito em seus empreendimentos nem, sobretudo, viver harmoniosamente com as outras criaturas; daí virão complicações, conflitos, brigas. Pode-se inclusive observar que a maioria das dificuldades da vida cotidiana provém do fato de as pessoas não conhecerem a si mesmas. Saber o que somos, o que representamos, aquilo de que somos capazes: é justamente a esse respeito que estamos constantemente nos enganando, o que é muito grave, pois aí residem os piores perigos. Tudo que vocês empreendem em sua vida pessoal e em sua vida social pode fracassar se, na base, vocês não colocaram um claro conhecimento do seu caráter e de suas faculdades.

"Começar com o pé direito"

A maneira como vocês dão o primeiro passo ao iniciar algo, o estado em que se encontram, a intenção pela qual são movidos, é disso que dependem a qualidade do seu trabalho, os êxitos que alcançarão ou, pelo contrário, os fracassos que enfrentarão. Vocês acham estranho que dependa de um pequeno detalhe todo um encadeamento de circunstâncias, mas tratem de se analisar bem. Se vocês saírem de casa num estado de agitação, desencadearão forças caóticas, e se forem nesse estado visitar alguém para resolver uma questão delicada, o que poderá acontecer? Durante todo o trajeto essas forças vão se agitar em vocês, e à medida que se aproximarem do objetivo, ficarão cada vez mais agitados e mal dispostos. Nesse caso, como resolver a questão? Ao contrário, se vocês tiverem feito um trabalho interior para manter-se calmos, serenos, cheios de amor, e derem o primeiro passo nesse estado de ânimo, quanto mais avançarem mais estarão numa disposição adequada para resolver da melhor maneira essa questão com a pessoa. É o que se costuma chamar de "começar com o pé direito".

Evitar expressões de desagrado

Poucas pessoas avaliam o caráter prejudicial do hábito de manifestar insatisfação a respeito de tudo e de todo mundo, perturbando assim a harmonia onde quer que estejam. O desagrado só é aceitável quando se refere a nós mesmos. Aquele que está constantemente manifestando seu desagrado em relação a Deus, à vida e a todo o planeta precisa saber que essa atitude perniciosa será posteriormente muito má conselheira. E como não é capaz de impedir que o seu sentimento se reflita em seu comportamento e sua fisionomia, cada vez mais o seu rosto fica anuviado, o olhar, sombrio, os gestos, bruscos, a voz, dura, o que o torna antipático para os outros. Pois se, por um lado, existe a tendência a considerar os descontentes mais inteligentes que os outros, o convívio com eles não é visto como agradável e as pessoas se afastam. Como ficar perto de alguém que só abre a boca para criticar e contaminar o ambiente com suas queixas e recriminações?

Aproximar-se dos outros com recipientes cheios

Por toda parte, em todos os países, é costume oferecer um presente às pessoas que visitamos. É uma tradição muito antiga, baseada numa lei segundo a qual devemos nos aproximar dos outros com o desejo de lhes dar algo. Se formos invariavelmente encontrar os amigos de mãos vazias, real ou simbolicamente, eles acabarão por não mais nos amar, e dirão: "Mas quem é essa pessoa? Quando chega, está vazia, e me esvazia também." Vão cada vez mais desconfiar, se precaver, até que fecharão completamente a porta de seu coração e de sua alma para vocês. Não procurem os amigos se não puderem proporcionar-lhes pelo menos um olhar bom, um bom sorriso, algumas palavras calorosas, que são presentes realmente vivos. Precisamos habituar-nos sempre a dar, e a dar o que existe de mais benéfico para os seres. Se souberem trabalhar com as forças positivas da natureza, serão estimados e amados.

E como cada gesto é mágico, cuidem de nunca cumprimentar alguém com um recipiente vazio, sobretudo pela manhã, caso contrário saibam que, sem querer, estarão desejando a essa pessoa o vazio, a pobreza, o fracasso por todo o dia. Se realmente tiverem de transportar um recipiente vazio, ponham algo em seu interior; não é necessário que seja um conteúdo precioso — pode ser água, que é o que há de mais precioso aos olhos do Criador, ou qualquer outra coisa — e cumprimentem as pessoas que encontrarem com o pensamento de que lhes proporcionam saúde, plenitude, felicidade.

Nunca esqueçam de que existe em vocês uma terra magnífica a ser cultivada, cujas flores e frutos podem ser distribuídos a todos aqueles que estiverem no seu caminho. É em virtude desse desejo de dar sempre alguma coisa da sua alma, do seu espírito, que a vida nunca deixará de brotar em vocês.

A mão, instrumento de comunicação e troca

A importância da mão manifesta-se particularmente na vida cotidiana, pois ela serve de meio de comunicação entre os seres. Quando as pessoas se encontram ou se despedem, que fazem? Levantam o braço para uma saudação ou então apertam as mãos. Por isso é que é preciso manter-nos particularmente vigilantes quanto ao que transmitimos com as mãos. Se vocês cumprimentam alguém, é para dar-lhe alguma coisa de bom. Aquele que nada sabe dar mostra o quanto é pobre e miserável.

Evidentemente, para muitas pessoas, um aperto de mão é apenas uma convenção executada mecanicamente; nesse caso, é melhor abster-se. Mas para os que têm a consciência desperta, trata-se de um gesto de grande significado, operante, através do qual podemos encorajar, consolar, vivificar as criaturas e dar-lhes muito amor. Uma saudação deve ser calorosa, harmoniosa, uma autêntica comunhão. Ao apertar a mão de alguém, vocês devem sentir uma corrente passando; para isso, no momento de estender a mão, respirem profundamente (discretamente, é claro!) — pois uma boa inspiração harmoniza as trocas — e desejem saúde, paz, luz.

Que o seu olhar irradie a vida divina

Embora a maioria dos seres humanos tenha aprendido mais ou menos a controlar os gestos e palavras (eles não pulam em qualquer pessoa que os irrite ou os atraia para atacá-la ou beijá-la, não dizem brutalmente a qualquer um o que pensam a seu respeito), o fato é que não aprenderam a controlar o olhar, que está constantemente exprimindo cobiça, sensualidade, desprezo, hostilidade... Como um olhar não gera no plano físico efeitos tão visíveis quanto um gesto ou uma palavra, ninguém jamais foi condenado por um olhar. E no entanto, quantas perturbações e estragos certos olhares podem causar no plano sutil!

O olhar é uma projeção de forças, de energias benéficas ou maléficas, tenebrosas ou luminosas, e por isso é preciso aprender a controlá-lo, a educá-lo, para que ele gere apenas efeitos benéficos. A vida espiritual também começa pela educação do olhar. Procurem aproximar-se dos seres endereçando-lhes apenas olhares de amor desinteressado e de luz, como o sol, que, ao nos contemplar diariamente, envia-nos ondas vivificantes. Aonde quer que vão, empenhem-se em manter um olhar sincero, claro, caloroso, para que os seres com que se encontram recebam através de vocês alguns raios da vida divina.

Não contar suas preocupações e mágoas

Vocês acham que as suas preocupações e mágoas podem comover o coração dos outros, e por isso os contam, tratam de expô-los na esperança de interessar os outros pela sua sorte. Mas essas pessoas só pensam numa coisa: livrar-se de vocês o mais rápido possível! Isso mesmo, feliz ou infelizmente, a natureza humana é assim: se quiserem que todo mundo saia correndo, falem diariamente das suas desgraças, das suas doenças, dos seus motivos de preocupação, e vejam se ficarão muito tempo a ouvi-lo! Pois então, que atitude estúpida! É melhor esconder todos esses detalhes. Geralmente, os outros não são capazes de ajudá-los a encontrar soluções para os seus problemas. Por que, então, expô-los? Eles nada podem fazer. Assim, vocês não só perdem tempo relatando inutilmente as suas questões, como caem no conceito das pessoas. Elas perdem o afeto por vocês, pois se dão conta de que vocês não são inteligentes nem fortes, e procuram afastar-se.

Se não quiserem perder seus amigos, escondam seus problemas, não lhes digam nada, não se queixem, e tratem de ligar-se às forças celestes, às entidades luminosas presentes, prontas para ajudá-los. Dessa maneira, vocês se tornam muito mais fortes, mais poderosos, mais luminosos, e essa força e essa luz que emanam de vocês atraem as pessoas, pois elas sentem que vocês são diferentes dos outros: são capazes de suportar as dificuldades, resistem às provações sem se queixar. E então eles os admiram, aproximam-se de vocês para imitá-los e mesmo retirar forças, e com isso vocês ganham amigos para toda eternidade.

Portanto, quaisquer que sejam suas dificuldades, não sobrecarreguem os outros com elas. Graças a esse esforço de desprendimento, de generosidade, de coragem, não só conseguirão resolver melhor seus problemas, como as entidades celestes, vendo o gigantesco trabalho que terão efetuado consigo mesmos, os ajudarão.

Evitar criticar — A palavra positiva

Muitos não aprenderam a controlar seus pensamentos e sentimentos, e nas conversas entregam-se a toda sorte de comentários sobre os outros. Pois bem, saiba que isso é muito grave, pois se vocês caluniam alguém, privando-o de seu prestígio ou de sua honra, podem sobrevir acontecimentos desagradáveis para essa pessoa, para sua evolução, e o Céu os condenará. Naturalmente dirão: "Mas eu não tinha intenção realmente de dizer as palavras negativas que me escaparam." É possível, mas é preciso ter em mente que espíritos mal-intencionados se apropriam de nossas palavras negativas, e, mais cedo ou mais tarde, acabam por concretizá-las. A palavra é uma espécie de esteio material que nós lhes fornecemos e do qual eles se servem para a execução de seus maus desígnios. Não podemos criticá-los, cabe a nós eximir-nos de lhes dar condições de fazer o mal.

É preciso vigilância: quando se derem conta de que foram longe demais em suas críticas ou acusações contra alguém, procurem rapidamente encontrar outras palavras, outros pensamentos, outras forças que venham reparar os estragos. Só assim estarão quites perante a lei. De maneira geral, é melhor nunca encerrar uma conversa com palavras negativas. Ainda que sejamos obrigados a fazer críticas justificadas sobre alguém, devemos procurar fazê-las com palavras positivas. Existe sempre alguma coisa de bom em cada criatura, então tratem de encontrar nessa pessoa pelo menos uma boa qualidade, mencionem-na e terminem.

Um bom critério para nos conhecermos e saber onde estamos consiste em analisar nossas palavras. Vocês falam levianamente? O que dizem é confuso, exagerado, interessado, malicioso?... Tendo se analisado, tratem de se vigiar. Antes de falar, perguntem a si mesmos por que motivo querem abrir a boca: para fazer o bem, para esclarecer alguém, libertar e curar ou para desorientar, acertar contas, humilhar e assim satisfazer as tendências da sua natureza inferior? Nesse caso, é preferível calar-se. E, de maneira geral, mais vale falar menos. Muitas vezes é a palavra que mantém os seres nos graus inferiores da evolução.

No futuro, portanto, prestem atenção. Quaisquer que sejam as pessoas com as quais se encontrarem, tratem de falar-lhes de assuntos úteis, construtivos, de maneira que, voltando para casa, cada um possa pensar dos demais: "Ah, que essas criaturas sejam abençoadas por todas as boas palavras que me deram coragem, uma melhor visão das coisas, que me inspiraram o desejo de me manter sempre no caminho da luz!"

A fala não foi dada aos homens para enfraquecer ou aniquilar os outros. Seu papel é erguer quém caiu, levar luz aos que estão na escuridão, guiar os que se encontram perdidos. A fala foi dada aos homens exclusivamente para abençoar, agradecer, comungar na sabedoria, na justiça e no amor. Aqueles que desconhecem o valor dessa riqueza que possuem um dia a perderão, nesta ou em outra encarnação.

Sejam prudentes em suas palavras

É preciso ser prudente ao falar, não pronunciar palavras grandiloquentes, não se comprometer levianamente, pois podemos encontrar as maiores dificuldades para cumprir esses compromissos.

Um homem jura que jamais se ligará a esta ou aquela pessoa, que nunca fará como este ou aquele, cujos atos condena... E pouco tempo depois, ele o faz! Por quê? Porque existem no mundo invisível entidades que, vendo esse homem tão seguro de si, têm vontade de testá-lo: elas o tentam, para ver do que é capaz, e rapidamente ele sucumbe. É assim que muitas pessoas fazem com frequência o contrário do que haviam solenemente afirmado ou prometido. Em alguns países, depois de pronunciar certas palavras, as pessoas costumam tocar a madeira, como se quisessem conjurar a má sorte. Esse costume pode parecer uma superstição, mas ele é significativo: mostra claramente que, no subconsciente, certos seres sentem que falar com excessiva segurança é sempre um pouco arriscado.

Toda promessa é um vínculo

Quando se faz uma promessa a alguém, é preciso esforçar-se para cumpri-la. Muitos fazem lindos discursos: prometem isso e aquilo, as promessas não lhes custam muito. Naturalmente, é mais fácil dizer alguma coisa do que fazê-la. Alguns, tendo prometido, ficam tranquilos: por que cumprir a promessa? Pois bem, saibam que, para a Ciência Iniciática, uma promessa é como uma assinatura, um compromisso, um contrato. No plano etérico, as palavras ficam gravadas, e é exatamente como se vocês tivessem escrito essa promessa: nada nem ninguém neste mundo pode liberá-los, exceto a pessoa a quem vocês prometeram. Se ela for nobre, compreensiva, poderá liberá-los; caso contrário, terão de cumpri-la. Vocês dirão: "Vou me dirigir então ao Céu, pedirei ao Senhor que me desvincule dessa promessa." Mas nem mesmo o Senhor o fará, pois Ele não pode ir de encontro às leis que Ele próprio estabeleceu.

Cabe a vocês, antes de fazerem uma promessa, saberem se poderão cumpri-la. Não devem dizer: "Ora! Posso perfeitamente prometer, isso não me obriga a nada." Obriga, sim, justamente! No plano físico, é possível que, não tendo feito essa promessa por escrito, não existam provas para condená-los, mas no mundo sutil suas palavras continuam existindo. Não é um papel, mas um filme falado! Sim, vocês e suas palavras foram gravados.

A palavra mágica

Aprendam a falar com amor e doçura, não só aos seres humanos, mas também aos animais, às flores, aos pássaros, às árvores, a toda a natureza, pois se trata de um hábito divino. Aqueles que sabem dizer palavras que inspiram, vivificam, têm uma varinha mágica na boca, e nunca pronunciam essas palavras em vão, pois sempre há na natureza um dos quatro elementos, a terra, a água, o ar ou o fogo que está presente, atento, esperando o momento de manifestar tudo aquilo que foi expressado. Pode acontecer que a realização se efetue muito longe daquele que forneceu as sementes, mas saibam que ela sempre ocorre. Assim como o vento leva os grãos e os semeia longe, nossas boas palavras batem asas para produzir magníficos resultados longe dos nossos olhos. Se vocês aprenderam a dominar seus pensamentos e seus sentimentos, a cultivar um estado de harmonia, de pureza, de luz, sua palavra produzirá ondas que agirão de maneira benéfica sobre toda a natureza.

O contato vivo com a natureza

Se a mão é um meio de se relacionar com os seres humanos, é também um meio de se relacionar com a natureza. Por isso, quando de manhã vocês abrem a janela ou a porta, devem saudar toda a natureza, o céu, o sol, as árvores, os lagos, as estrelas... Vocês perguntarão: "Para que serve isso?..." Para ligar-se imediatamente à fonte da vida. Sim, pois a natureza nos responde. Quando passarem perto de um lago, de uma montanha, de uma floresta, cumprimentem-nos, falem com eles... Ao sair pela manhã, saúdem toda a natureza e os anjos dos quatro elementos, os anjos do ar, da terra, da água e do fogo, e até mesmo os gnomos, as ondinas, os silfos, as salamandras. E às árvores, às pedras, ao vento, digam também: "Bom dia! Bom dia!"

Tentem, experimentem, e sentirão que internamente algo se equilibra, se harmoniza: muitas névoas e incompreensões os deixarão, simplesmente porque vocês decidiram cumprimentar a natureza viva e as criaturas que a habitam. No dia em que forem capazes de estabelecer vínculos vivos com toda a natureza, sentirão a verdadeira vida entrar em vocês.

Não escolher a facilidade, mas aquilo que serve à nossa evolução

Consciente ou inconscientemente, as criaturas são levadas a abreviar certos estados e a prolongar outros. Quando sofremos, quando estamos magoados, desejamos que esse estado acabe logo, ao passo que, se estamos felizes, bem gostaríamos que durasse eternamente. O que é normal. Infelizmente, essa tendência nem sempre se manifesta quando necessário, nem numa boa direção. Tratando-se de trabalhar, de se esforçar, de refletir, de se ligar ao Céu, queremos que acabe logo, ao passo que, na hora de comer, beber, ter distrações e prazeres, achamos que nunca dura o suficiente. Pois bem, não é esse o comportamento de um autêntico espiritualista. Ao experimentar uma sensação agradável, mas que não poderá proporcionar-lhe nenhum enriquecimento interior, um espiritualista abrevia sua duração ou mesmo a interrompe. Mas quando tem um trabalho ou um esforço a fazer, trata, pelo contrário, de prolongá-lo. Ele compreendeu toda a riqueza e toda a profundidade existentes em cada esforço, enquanto as alegrias e os prazeres muitas vezes servem apenas para anestesiá-lo, mantê-lo na fraqueza e afastá-lo da verdade.

Ante todas as possibilidades que se apresentam, adquira o habito de se perguntar: "Em que isso contribuirá para o meu progresso?" Ao verem que não vai dar em grande coisa, que será sobretudo um desperdício de tempo e de energias, não se detenham. A vida apresenta todo tipo de tentações, e se ainda não aprendemos a nos controlar suficientemente para resistir, sucumbimos, e depois nos arrependemos, por nos sentirmos enfraquecidos, aviltados. Seria possível evitar muitos erros se, antes de nos lançarmos numa aventura, disséssemos a nós mesmos: "Fazendo isso ou aquilo, estarei satisfazendo meus desejos, evidentemente, mas quais serão as repercussões de minha conduta em mim mesmo e nos que me cercam?" Aquele que não faz essas perguntas fica espantado com o que lhe acontece depois. Mas não deveria: o que lhe acontece era previsível, pois as consequências sempre são previsíveis.

Fazemos progressos graças àquilo que nos resiste

Parem de se queixar dos obstáculos e dificuldades que encontram na vida, pois são eles que lhes permitem progredir. Por que os barcos podem avançar sobre a água e os aviões voam no ar? Porque a água e o ar oferecem resistência. Não é possível avançar quando não existe uma matéria que ofereça certa resistência. Os obstáculos e dificuldades desempenham o mesmo papel que a água ou o ar, fazem parte da ordem natural das coisas, cabe a nós saber utilizá-los para avançar.

Numa excursão de montanha, vocês não observaram que as asperezas a que se agarram é que lhes permitem escalar? Então, por que desejam que sua vida seja lisa, sem asperezas? Nessas condições, jamais conseguirão chegar ao topo, mas sobretudo, na descida, que trambolhão!... Felizmente, a vida está cheia de asperezas, e é graças a elas que ainda estamos vivos. Sim, e por isso não devemos pedir que a vida seja lisa, sem sofrimento, sem contrariedades, sem mágoas, sem inimigos, caso contrário, não teremos onde nos agarrar para subir, e vamos escorregar. Aqueles que desejam viver na facilidade e na opulência não se dão conta de que, na realidade, estão pedindo sua própria infelicidade.

Não se esquivar ao esforço e às responsabilidades

Os que acreditam poder esquivar-se às suas responsabilidades e obrigações para desfrutar de uma vida mais agradável não conhecem as leis severas que regem o destino. Um acha sua família desagradável, seu trabalho, penoso, seu meio, tedioso, e quer deixá-los. Outro foge de qualquer responsabilidade na sociedade. Uma mulher, cansada do marido, busca outro mais divertido, mais sedutor. Pois bem, esse tipo de atitude não é recomendado. Claro que não é absolutamente proibido deixar seu trabalho, seu ambiente ou mesmo sua família, mas não sem antes ter cumprido todos os seus deveres para com eles, caso contrário será obrigado pela lei a reencontrar todas essas pessoas que não conseguiu suportar. Se vocês não quiserem voltar jamais a ver alguém, saldem todas as dívidas com essa pessoa, e não voltarão a vê-la. Eis uma lei que as pessoas ignoram. Elas fazem de tudo para se afastar, se desvincular de alguém que as incomoda, mas quantas vezes o carma já não obrigou um homem a reencontrar os pais, a mulher, os filhos ou o patrão em outra encarnação!

Se o destino nos colocou em certas situações, é porque existe um motivo para isso. Diante das dificuldades do mundo exterior, devemos tornar-nos resistentes. Como fazer? Como os esportistas, que treinam diariamente, ou como os exploradores, os alpinistas, os navegadores, que se preparam para suportar o calor, o frio, o cansaço, as privações de alimento e sono, tornando-se capazes de enfrentar intempéries e os maiores perigos. Vocês também, treinem para tornarem-se capazes de resistir, de aguentar, não tanto fisicamente, é óbvio, mas psiquicamente, moralmente. Naturalmente, se em dado momento perceberem que não poderão mais aguentar a situação, afastem-se um pouco, mas retornem para enfrentar, até se tornarem verdadeiramente sólidos.

Se souberem escolher o caminho difícil, o Senhor haverá de lhes enviar anjos para ajudá-los, mas se escolherem a via fácil, um dia desses serão obrigados a voltar para assumir todas essas responsabilidades de que fugiram.

Desculpas não bastam, é preciso consertar os nossos erros

Se tiverem agido mal em relação a alguém, não basta pedir desculpas: precisam remediar. Só assim estarão quites. Dizer a alguém que vocês lesaram: "Lamento muito, perdoe-me..." não basta, e a lei divina haverá de persegui-los até que tenham compensado o mal que infligiram. Vocês dirão: "Mas e se a pessoa me perdoar?" Não, a questão não é resolvida tão facilmente, pois a lei e a pessoa não são a mesma coisa. A pessoa pode perdoá-los; já a lei não os perdoa, ela os perseguirá até que tenham procedido a uma reparação. Naturalmente, aquele que perdoa dá mostra de nobreza, de generosidade, liberta-se dos tormentos que o mantinham nas regiões inferiores do plano astral. Se Jesus disse que é necessário perdoar os inimigos, é para que o homem se liberte dos pensamentos negativos e do ressentimento que o corroem. Mas o perdão não resolve a questão: o perdão liberta quem foi maltratado, lesado, mas não liberta quem cometeu o erro. Para se libertar, vocês devem reparar.

A inteligência se desenvolve nas dificuldades

Para quem sabe usá-las, as dificuldades representam as melhores condições de desenvolvimento. Mas em vez de estudar atentamente essas dificuldades e buscar meios de superá-las, passamos a maior parte do tempo protestando, chorando... É simplesmente porque ainda não entendemos o motivo pelo qual o cérebro está no alto do corpo! Se tivéssemos entendido, em vez de permanecer sempre embaixo, no coração, nas emoções, sofrendo, chorando, faríamos um esforço para nos elevar até a razão, a inteligência, a luz.

Quando tiverem vontade de chorar, digam a si mesmos: "Tudo bem, vou atendê-lo: olha só, estou até separando uns lenços; mas espera aí, primeiro preciso pensar." Assim vocês pensam, buscam e encontram uma solução muito mais rapidamente do que se se deixarem entregar à mágoa. Caso contrário, ficam se lamentando durante três ou quatro horas, e quando se cansam, naturalmente, se acalmam, mas não terão avançado, pelo contrário: as energias se foram e as dificuldades ficaram. No dia seguinte, começa tudo de novo... Então, em vez de deixarem-se sempre assoberbar pelos sentimentos, deixem-nos de lado e tentem alcançar uma outra região em vocês, uma região espiritual que é pura razão, pura sabedoria, pura luz.

Vinte, trinta vezes por dia, temos oportunidades de nos exercitar, oportunidades muito benéficas, e é assim que circunstâncias aparentemente desagradáveis contribuem na realidade para o nosso bem. A vida é rica de tudo que é necessário para instruir os seres humanos. Os sábios refletem a respeito de tudo, instruem-se sobre tudo e utilizam tudo para o bem. Ao passo que os outros, que não têm a luz, não sabem aproveitar nada, e mesmo quando lhes acontecem coisas boas, não só não sabem vê-las e utilizá-las como ainda dão um jeito de voltá-las contra si. Se forem conscientes, vigilantes, as provações contribuirão para sua evolução, pois vocês saberão usá-las. Vocês dirão: "Ora, ora, temos aqui mais uma excelente oportunidade!", e quanto mais tiverem esse tipo de oportunidade, mais desenvolverão sua lucidez, sua perspicácia e sua inteligência.

Cada problema tem sua chave

Ontem vocês conseguiram resolver determinado problema, mas eis que hoje surge um outro: não será o caso de usar a mesma solução, pois cada problema requer uma solução própria. Em casa, cada porta tem uma fechadura com a sua chave; vocês não podem abrir todas as portas com a mesma chave, sendo necessário, portanto, encontrar a chave adequada. Na vida psíquica também existem chaves diferentes para abrir as diferentes portas. Quem quiser utilizar sempre a mesma chave ficará diante de portas fechadas. As três chaves essenciais são o amor, a sabedoria e a verdade: o amor que abre o coração, a sabedoria que abre o intelecto e a verdade que abre a força de vontade. Quando tiverem de resolver um problema, experimentem as diferentes chaves. Se a primeira não abrir a porta, tentem a segunda, e se a segunda tampouco abri-la, tentem a terceira.

Diariamente nós precisamos comer, beber, dormir, abrigar-nos, vestir-nos, trabalhar, passear, ler, ouvir música, encontrar pessoas, refletir, amar, admirar... É a Inteligência cósmica que nos dota dessas necessidades, levando-nos assim a resolver todos esses problemas diferentes, para aprendermos a nos desenvolver em todos os âmbitos e em todos os planos. Quando se manifesta uma nova necessidade, surge um novo problema, depois outro, e mais outro... E a cada vez temos de nos exercitar para encontrar uma solução adequada.

Novas necessidades estão constantemente surgindo no mundo, criando novos problemas e, portanto, novas atividades. A própria vida é a causa disso, pois a vida flui, circula, desloca as coisas, e o homem é obrigado a acompanhar sua corrente. É necessário passar por determinado lugar, depois outro, ou então corrigir a direção da corrente, como se faz com certos rios. A vida não nos deixa estagnar, ela nos obriga a passar por todo tipo de lugares para nos ensinar a ver, a compreender, a sentir, a agir de todas as maneiras possíveis. Portanto, é preciso sempre tentar descobrir como resolver os problemas novos que a vida nos apresenta, mas esses problemas, mais uma vez, são em geral de três tipos: dizem respeito à força de vontade, ao coração, ao intelecto; ou então, colocado de outra forma, ao corpo, à alma e ao espírito.

Não se fixar nas contrariedades da vida

Ficar furioso porque alguém disse palavras desagradáveis, porque um objeto custou mais caro que previa, porque a sopa está salgada demais ou alguém perdeu algo que nos pertence, e reagir diante de inconvenientes tão miúdos como se fossem catástrofes é realmente uma atitude insensata. É necessário aprender a pôr frente a frente as pequenas contrariedades da vida e todos os bens que a Providência nos proporcionou generosamente. Em vez disso, fazemos o contrário: estamos constantemente comparando o pouco que possuímos com o que possuem os vizinhos: "Ah! aquele ali já tem um carro, enquanto eu só tenho uma bicicleta!... Ah! aquela ali tem diamantes e eu aqui com pérolas falsas..." Se o caso é realmente fazer comparações, por que não ver todas as vantagens que possuímos, em relação a tantas outras pessoas sem recursos, infelizes ou doentes?

Vocês dirão que têm motivos para estarem insatisfeitos, pois só encontram fracassos, não têm um futuro pela frente etc. Na realidade, os dias não são iguais, e se hoje o sol estava encoberto por nuvens, amanhã vocês o verão nascer e tudo haverá de lhes sorrir. "Sim, mas", dizem alguns, "eu já estou velho, o que posso esperar?" Não sabem que um dia voltarão à Terra como uma criancinha à qual todas as esperanças serão dadas para começar uma vida nova, enriquecida pelas experiências do passado?

Existem respostas para todas as objeções que podem ser levantadas pela tristeza e pelo desânimo. Mas é necessário ao menos encarar as coisas de outra maneira, o que é possível com um bom raciocínio; diante de cada acontecimento, cada situação, detenham-se um momento para examinar os dois aspectos: negativo (já que vocês fazem questão!) mas também positivo. Não é o caso, naturalmente, de se iludirem, dizendo que tudo está bem, mas tampouco de se deterem apenas no lado sombrio da vida. Vocês pensam: "Ah, já sabemos de tudo isso." É mesmo? Pois bem, nesse caso, façam, se é tão simples! Observem a si mesmos, e descobrirão que com demasiada frequência esquecem de praticar o bom raciocínio

O sofrimento é uma advertência

A natureza instalou em nós entidades que velam por nós, e quando estamos para demolir alguma coisa em nosso corpo físico, nosso coração, nosso intelecto, elas começam a nos cutucar, dizendo: "Vamos, volte ao bom caminho!" Sim, isso é o sofrimento. O sofrimento vem apenas para nos mostrar que saímos das boas condições nas quais tudo era claro e fácil.

O sofrimento é um ser enviado pelo mundo invisível para nos salvar, e não devemos lutar contra um salvador. Quanto mais lutarmos contra o sofrimento, mais terrível ele se tornará. Ele diz: "Ah! você não quer entender? Muito bem, pois então vai ver", e aumenta ainda mais. Mas a partir do momento em que entendemos e decidimos consertar nossos erros, o sofrimento recebe a ordem de ir embora, pois efetuou seu trabalho, cumpriu sua missão. Então, em vez de se revoltar e lutar contra ele, é preciso pôr um pouco de ordem na cabeça e dizer ao Senhor: "Eis aqui, Senhor, aonde cheguei por causa da minha maneira insensata de viver. Agora eu compreendi e quero me corrigir; portanto, dê-me algum crédito, dê-me condições favoráveis, para que eu tenha a possibilidade de tudo remediar e me dedicar ao seu serviço." É a única coisa boa a ser feita. Revoltar-se é uma tolice. O sofrimento não vem por acaso, nem por vingança nem para nos punir, é apenas um ajudante de Deus enviado para nos alertar.

Como não podemos evitar o sofrimento, é melhor suportá-lo e avançar, em vez de sofrer e permanecer o mesmo! Quantas pessoas sofrem sem sequer saber por quê! E isto é terrível: passar por provações e desgraças sem nunca entender por quê, pois assim continuaremos eternamente. A partir de agora, entendam pelo menos por que sofrem, pois é a única maneira de se libertarem e progredirem.

Agradecer nas provações

Quantas pessoas, diante de uma provação, começam por se revoltar contra o Céu: "Mas como? Fazer isto comigo?" Sim, justamente, é com vocês, e vocês devem aceitá-lo, tentando extrair daí os elementos mais úteis para seu progresso espiritual. Saibam que, considerando-se o estado atual do desenvolvimento da Terra e o ponto evolutivo a que chegou a humanidade, o homem não pode deixar de sofrer. A Terra é como uma casa de correção, e ao mesmo tempo um centro de aprendizagem. O sofrimento, portanto, é inevitável, e se o aceitarem estarão acionando forças ocultas que efetuam em vocês um imenso trabalho.

Ao atravessar um momento difícil, digam a si mesmos que, por serem filhos de Deus, trazem em si os meios de superar a provação. É preciso gostar das provações. "Gostar", entretanto, não significa buscá-las estupidamente (de qualquer maneira, elas virão, sem que precisem procurá-las), significa apenas atravessá-las bem, e para isso é necessário aprender a agradecer, a mostrar gratidão, porque elas têm um sentido.

Sim, quando nos revoltamos contra a justiça divina, aumentamos o peso de nossos fardos; para torná-los mais leves, é preciso agradecer ao Céu. Vocês dirão: "Mas como?! Agradecer ao Céu quando estamos infelizes, doentes, na miséria?" Sim, é um grande segredo: mesmo na infelicidade, devemos encontrar um motivo para agradecer. Vocês são pobres, miseráveis? Agradeçam, agradeçam, alegrem-se ao verem os outros ricos, na abundância, e então verão... Pouco depois, certas portas se abrirão e as bênçãos cairão sobre vocês.

Aprender a agradecer mesmo nas provações é a melhor maneira de transformá-las. Se se revoltarem, estarão mostrando apenas que são orgulhosos e não serão capazes de transformar essas provações em ouro e pedras preciosas. Mas se disserem: "Oh, Senhor, obrigado, certamente existe um motivo para que isso me aconteça, deve haver alguma coisa para eu aprender. Eu não sou perfeito, devo ter feito algumas besteiras", graças à sua humildade vocês sentirão de repente que algo melhorou. Tentem, e verão.

É preciso entender que devemos usar as dificuldades e nos alegrar ainda que não haja aparentemente nenhum motivo de júbilo. É uma filosofia que lhes dará a possibilidade de dominar, de superar todas as dificuldades, de planar acima da vida, de tornar-se mestre de todas as situações. E diante da sua força, do vigor de sua alma, a Providência dirá: "Que lhe seja retirado este obstáculo, que lhe seja poupado este sofrimento..." Até o dia em que permitirá que vocês sejam liberados de tudo que os atravanca.

As provações nos obrigam a explorar nossos próprios recursos

Muitos sofrimentos e provações nos são enviados pelo mundo invisível para nos obrigar a contar com as forças espirituais que existem em nós. Quando estamos satisfeitos, ricos, cobertos de bens, permanecemos na superfície das coisas, ao passo que o isolamento e a tristeza nos compelem a entrar em nós mesmos para encontrar novos recursos. O papel da Iniciação é ensinar ao homem como entrar em si mesmo para encontrar em seu interior a verdadeira riqueza, a verdadeira força, o verdadeiro amparo. Antigamente, a Iniciação era feita nos templos; hoje, ela se dá por toda parte na vida e nos momentos em que menos esperamos. Vocês pensarão: "Mas então por que o mundo invisível não nos previne antecipadamente, por meio de sinais, das provações que teremos de atravessar?" Porque nas situações imprevistas somos obrigados a entrar mais profundamente em nós mesmos e fazer esforços maiores.

Todos vocês terão provações a atravessar, e devem por isso alegrar-se, pois elas representam novas riquezas. Aqueles que não sofreram são muito pobres simbolicamente, não dispõem de cores para pintar seus quadros. Mas aquele que sofreu pode valer-se de todas as sensações que vivenciou para pintar quadros. Os grandes gênios, todos aqueles que fizeram algo em sua existência, sofreram muito. Eles possuíam uma tinta negra, e foi dessa tinta negra que extraíram as mais belas cores.

Pensar que os sofrimentos são passageiros

Diante de cada dificuldade que se apresenta, digam a si mesmos: "Oh! isso não vai durar. É só um momento. Vai passar." Estão surpresos? Não acreditam que isso possa funcionar? É uma fórmula eficaz, eu mesmo pude constatar. A simples ideia de que as desgraças são passageiras ajuda a suportá-las. E, além do mais, é verdade que elas não durarão eternamente. Uns vinte, trinta, quarenta anos? Tudo bem, mas não a eternidade! É preciso apenas ter paciência. Além do mais, vocês mesmos, na maioria das vezes, contribuíram durante anos para se colocarem em situações inextricáveis. E vocês se mostraram pacientes, perseverantes, sim, um modelo de perseverança! Pois bem, deverão mostrar-se igualmente pacientes para se restabelecerem. Como o mal, o bem precisa de tempo para se manifestar. Portanto, a partir de agora, quaisquer que sejam suas provações, digam a si mesmos: "É apenas um mau momento, em breve nada restará de tudo isso, pois hoje disponho dos meios para refazer meu futuro e vivê-lo de uma maneira celeste." E assim voltem ao trabalho.

Olhar para o alto

Nos momentos de dificuldades, vocês estão habituados a se concentrar nelas, a não ver mais nada, ruminando longamente tudo o que não funciona, tudo o que lhes causa preocupação, inquietação, mágoa... Estar desse modo sempre olhando para baixo não é um bom método: é preciso tentar olhar para o alto, onde estão a luz, a sabedoria, a beleza e tudo aquilo, justamente, que pode ajudar sua alma a descobrir meios para superar as dificuldades. Mágoas e preocupações sempre existirão, vocês não serão poupados. Para superá-las, devem fazer o que se faz contra as intempéries e os insetos: equipar-se. Contra a chuva, vocês abrem um guarda-chuva; contra o frio, usam roupas quentes ou instalam um sistema de aquecimento; contra os mosquitos, recorrem a um mosquiteiro ou a um inseticida. Pois bem, contra as dificuldades, vocês devem olhar para o alto para obter luz e força. Só assim triunfarão.

O método do sorriso

Quando vocês não estiverem em boas condições porque deixaram as coisas rolarem, receberam más notícias ou foram contrariados, existe um método formidável: usar o poder do sorriso. Mesmo quando estiverem sozinhos, tentem sorrir para mostrar a si mesmos que estão acima das dificuldades. Pensem que são invulneráveis, imortais, eternos, e concedam-se um sorriso, simplesmente, ao passar diante de um espelho. Talvez esse sorriso seja inicialmente meio sem graça, mas não importa, já é o começo de uma melhora. Por trás desse método do sorriso existe o método do amor. Quando se decidirem por esse método, imediatamente vocês se sentirão mais bem dispostos, e encontrarão mais facilmente soluções para os seus problemas.

O método do amor

Quando se sentirem agitados, angustiados, infelizes, tentem reagir. Em vez de se desgastarem ou de incomodarem os outros, fiquem tranquilos e comecem por fazer algumas respirações profundas. Em seguida, pronunciem uma palavra com amor, façam um gesto com amor, enviem um pensamento com amor... Vocês verão que o que estava fermentando e o que vinha se putrefazendo em vocês é expulso para bem longe. Recorrendo ao amor, vocês abriram uma fonte no seu interior, deixem-na trabalhar, e ela purificará tudo. Como veem, é fácil, basta abrir o coração, desencadear o amor. Tentem e se perguntarão por que ainda não tinham utilizado esse método. As pessoas ouvem falar do amor e riem, brincam com o amor, em vez de valer-se dele como um meio de alcançar a salvação.

Viver com amor é viver num estado de consciência muito elevado, que se reflete em todos os atos da vida, um estado em que tudo harmoniza em vocês, que os mantêm em perfeito equilíbrio, um estado que é fonte de alegria, força e saúde.

A lição da ostra e da pérola

Como é que a ostra produz uma pérola? Inicialmente, um grão de areia cai em sua concha, e esse grão de areia é um problema para a ostra, ele a irrita. "Ah", pensa ela, "como é que vou me livrar dele? Está me arranhando, me fazendo cócegas... O que fazer?" E ela começa então a refletir; concentra-se, medita, pede conselhos, até o dia em que entende que jamais conseguirá eliminar o grão de areia, mas pode envolvê-lo de maneira a que ele se torne liso, polido, aveludado. E quando consegue, ela fica feliz, e pensa: "Ah, venci uma dificuldade!"

Há milhares de anos a ostra instrui a humanidade, mas os seres humanos não entenderam a lição. E qual é esta lição? Que, se conseguíssemos envolver nossas dificuldades e tudo que nos contraria numa matéria luminosa, suave, irisada, disporíamos de riquezas extraordinárias. É o que precisamos compreender. A partir de agora, portanto, em vez de se queixarem e ficarem parados se corroendo, sem nada fazer, tratem de secretar essa matéria especial que pode envolver suas dificuldades. Quando se depararem com um fato penoso, uma pessoa insuportável, alegrem-se, dizendo: "Senhor Deus, que oportunidade, mais um grão de areia, eis aqui uma nova pérola em potencial!" Se entenderem essa imagem da ostra e da pérola, vocês terão trabalho para o resto da vida.

Saibam compartilhar sua felicidade

Há dias em que vocês estão maravilhados: sentem-se ricos, felizes... Será que nesse momento pensam um pouco em distribuir parte dessa felicidade àqueles que estão na miséria e na infelicidade? É preciso saber dar algo dessa abundância que vocês receberam, dizendo: "Caros irmãos e irmãs do mundo inteiro, o que possuo é tão magnífico que quero compartilhar com vocês. Sirvam-se dessa felicidade, sirvam-se dessa luz!"

Se vocês guardarem sua felicidade para si mesmos, sem querer compartilhá-la, seres maléficos do mundo invisível que estão sempre à sua espreita darão um jeito de fazer com que a percam, em algum momento acontecerá um incidente imprevisível que os privará dessa felicidade. Para preservar suas riquezas interiores, é necessário distribuí-las. Tudo aquilo que derem será registrado em sua conta nos bancos celestes, aos quais vocês poderão recorrer mais tarde em caso de necessidade. E essas riquezas permanecem em vocês, ninguém pode tomá-las, pois vocês as depositaram nos reservatórios lá do alto.

O exercício do autodomínio nas relações

Vocês têm um patrão, um sócio, um amigo, e numa conversa, se não estiverem atentos e mestres de si, deixam escapar inadvertidamente palavras infelizes, e pronto, vem um rompimento das relações: a pessoa os manda embora, ou se separa de vocês, ou decide cortar relações. Surgem, então, complicações, mágoas... Vocês dizem que tentarão reparar a situação; muito bem, mas nem sempre é possível, pode ser demorado e oneroso. O mais sensato é entender que devemos estar bem atentos no início, para não complicar as situações, pelo menos no que depende de nós. Lá fora, meu Deus, haverá sempre desordem, brigas, e vocês não podem fazer quase nada. Não é tão fácil assim instaurar a paz no mundo. Mas em tudo aquilo que fazem, vocês sempre podem esforçar-se para agir de maneira a preservar a ordem e a harmonia.

Resolver os problemas pelo amor, e não pela força

Nas relações com os outros, as pessoas são invariavelmente impelidas a resolver os problemas pela força, e eis que, muito pelo contrário, tudo se complica, as coisas se envenenam, pois com essa atitude é a natureza inferior que está sendo provocada, ou seja, um desejo de revidar, desafiar e mesmo de exterminar o outro. Enquanto os seres humanos não optarem pela força espiritual, a força luminosa, a força do amor divino, e sim pela força brutal, nada poderão resolver. A única solução é dar mostras de bondade, amor, humildade.

Naturalmente, nem tudo se resolve imediatamente, pois se vocês se mostram gentis e humildes, os outros, que são muito mal-educados, consideram que vocês são fracos, estúpidos, e se aproveitam disso para continuar pisando em vocês. Mas tenha paciência... Algum tempo depois, eles perceberão que sua atitude não é determinada pela fraqueza, mas, ao contrário, por uma grande força moral, espiritual: eles é que começarão a se tornar mais humildes, mais respeitosos, e tudo se resolverá. Tentem então, a partir de hoje, resolver seus problemas com seus pais, seus amigos, seus inimigos, manifestando amor, bondade. Agindo assim, vocês põem em funcionamento uma lei que os obrigará, mais cedo ou mais tarde, a reagir da mesma maneira.

Respondendo com raiva à raiva, com ódio ao ódio, com violência à violência, aplicamos uma antiquíssima filosofia que não dá bons resultados. É com a bondade que nos opomos à maldade, com o amor que expulsamos o ódio, com a suavidade que combatemos a raiva.

É preciso compreender de uma vez por todas essa lei segundo a qual só o bem é capaz de lutar contra o mal. Pois o bem é forte, o bem é imortal, enquanto o mal é fraco. Ele pode ser comparado a uma pedra lançada no ar: quanto mais passa o tempo, menos força ela tem para se elevar. Ao passo que o bem é como um pedra lançada do alto de uma torre: com o tempo, seu movimento se acelera. É este o segredo do bem: ele é fraco no início, mas todo-poderoso no fim. O mal, pelo contrário, é todo-poderoso no início, mas vai enfraquecendo. É preciso ter isso em mente!

Aprendam a superar a lei da justiça

Vocês foram lesados por alguém? Isto não lhes confere o direito de se vingarem dessa pessoa. Vocês dirão: "Mas é para restabelecer a justiça!" Não, essa maneira de entender a justiça está na origem de todas as desgraças. Em nome da justiça, qualquer um se julga no direito de dar uma lição aqui, punir alguém ali... Deixem a justiça em paz! "Mas então, o que fazer?" Recorrer a um princípio que está além da justiça, um princípio de amor, de bondade, de generosidade. Há dois mil anos Jesus trouxe esse novo Ensinamento, e no entanto os cristãos continuam a aplicar a lei de Moisés: "Olho por olho, dente por dente." Ainda não entenderam que, para tornar-se verdadeiramente grandes, verdadeiramente livres, já não é tão necessário aplicar a lei da justiça, já não se deve buscar a vingança. A vingança é um método pré-histórico que não traz nenhuma solução: pelo contrário, ela complica as coisas e aumenta as dívidas cármicas.

Vocês fizeram bem a alguém, prestaram-lhe ajuda e apoio, e um belo dia descobrem que essa pessoa não merecia o que fizeram por ela. Pois bem, aceitem a situação: não tentem vingar-se ou puni-la, nem contem a história a todo mundo! Quando é que finalmente decidirão mostrar generosidade e nobreza? É preciso fechar um pouco os olhos, apagar e perdoar, pois é assim que crescem, que se fortalecem. E saibam inclusive que aquilo que perderam lhes será devolvido mais tarde multiplicado por cem. Caso contrário, tentando vingar-se, vocês provocam tantas forças negativas que um dia elas se voltarão para vocês, e vocês é que serão esmagados.

Enquanto isso, se quiserem realmente dar uma lição a seu inimigo, não se preocupem mais com ele, começando um trabalho gigantesco sobre vocês mesmos: orem, meditem, aprendam, exercitem-se, até o dia em que finalmente sejam possuidores da verdadeira sabedoria e do autêntico poder. E aí, se por acaso vocês reencontrarem o inimigo, quando ele sentir sua luz, sua força, ficará estupefato. Entenderá que, enquanto vocês se empenhavam em se tornar mais sábios, mais generosos, mais senhores de si, ele tratava apenas de se aviltar, e sentirá vergonha.

A única coisa importante é melhorar a si mesmo, ocupar-se de tudo que é construtivo, puro, divino. Claro, para isso é necessário ter muito amor, muita paciência, muita luz, mas eu não conheço método mais eficiente. E como existe uma lei segundo a qual cada um deve pagar pelo mal que fez, aqueles que os lesaram serão obrigados um dia a vir ao seu encontro para reparar os danos que causaram. É possível que, sentindo intuitivamente que se trata de velhos inimigos, vocês queiram afastá-los. De nada adianta, eles continuarão a girar ao seu redor e a pedir-lhes que aceitem seus serviços. Pois esta é a lei: todo aquele que lhes prejudicou e a quem vocês não responderam com o mal será obrigado (queira ou não, sua opinião não importa) a vir um dia reparar os males que lhes causou.

Sejam capazes de gestos desinteressados

Quanto tempo e quanta energia vocês gastam para que aquilo que consideram seus direitos, suas posses seja respeitado! Por que estar sempre agarrado aos seus interesses? Façam um gesto desinteressado, meu Deus, e vocês serão livres! Inicialmente, claro, não poderão ficar tão felizes assim por fazerem esse gesto, sofrerão, se sentirão oprimidos. Mas caso consigam, descobrirão novas regiões, novas luzes, e sentirão mais orgulho e felicidade que todos. Pois terão realizado algo muito difícil: vencer a natureza inferior, que sempre nos aconselha a lutar para conservar nossas vantagens materiais.

Se vocês contarem com a sabedoria, com o amor do Céu, eles não os abandonarão; a partir do momento em que fizerem algo que os vincule a ele, ele velará por vocês. Nunca percam a fé no poder do mundo invisível: ele apoia todo aquele que trabalha de acordo com suas leis. Se seguirem os maus conselhos de sua natureza inferior, vocês nunca chegarão verdadeiramente aos seus objetivos: mais cedo ou mais tarde, o mundo invisível lhes apresentará obstáculos. Mas se contarem com o Céu e respeitarem suas leis, nunca serão abandonados. Ainda que o mundo inteiro os abandone, vocês serão apoiados, encorajados, orientados.

Usem suas simpatias para recobrar coragem e suas antipatias para se fortalecer

A simpatia e a antipatia são movimentos naturais que até os sábios vivenciam. No entanto, a diferença entre o sábio e o homem comum é que o sábio domina suas antipatias e não se entrega cegamente a suas simpatias. Ele sabe que ambas provêm de experiências vividas em outras vidas com as mesmas pessoas encontradas nesta, e que não podem informá-lo com imparcialidade sobre essas pessoas. Trata então de manifestar bondade em relação aos que lhe são antipáticos e reconhecer os erros e lacunas dos que lhe são simpáticos.

Tampouco vocês devem deixar-se influenciar sem mais nem menos por suas simpatias e antipatias, mas aprender a utilizá-las. Se alguém lhes for simpático, pensem nele para se alegrar e ganhar coragem. Sim, uma pessoa simpática age favoravelmente sobre vocês, e vocês podem prevalecer-se das boas disposições em que essa pessoa os deixa. E no caso de uma pessoa antipática? Também aqui existe algo a ser feito. Digam a si mesmos: "Vamos lá, temos de superar isto!" Em vez de fugir da pessoa ou de lhe enviar maus pensamentos, vocês se exercitam a suportá-la.

Esforçando-se nesse sentido, são vocês que ganham, pois conseguem vencer essa natureza inferior sempre presente para arrastá-los a lutas, mal-entendidos e complicações. No momento em que o conseguem, entram num mundo de beleza e luz, e logo constatam que tudo muda, pois todos aqueles que anteriormente vocês encaravam com frieza e hostilidade sentem que seu olhar mudou e começam a amá-los.

Sim, sempre se apresentam oportunidades de fortalecimento. Por que não utilizá-las? Vocês ficam limitados a seus sentimentos de simpatia ou antipatia, e nada fazem. Pois é preciso justamente fazer algo a respeito, sabendo que se trata de impulsos os quais vocês podem usar para sua evolução.

A utilidade dos inimigos

Em vez de se queixarem, tratem de compreender as razões pelas quais certas pessoas geram acontecimentos desagradáveis em suas vidas. Talvez essas pessoas tenham sido compelidas pelo mundo invisível precisamente para dar-lhes lições, fazê-los entender certas verdades, obrigá-los a melhorarem... Então, por que não aproveitar essas oportunidades? Em vez de ficarem ruminando ideias de vingança, de se revoltarem, pensando que o Céu já deveria ter exterminado seu inimigo... e mesmo de se vingarem em outras pessoas inocentes, como tantas vezes acontece na vida, aproveitem a oportunidade para fazer um trabalho sobre si mesmos.

Portanto, ainda que alguém se comporte mal em relação a vocês, cabe a vocês aprenderem a se comportar bem. E a primeira coisa a fazer para chegar lá é tentar perceber que lições podem extrair dessas circunstâncias desagradáveis. O pior de tudo, para o homem, é viver com sentimentos negativos em relação aos outros. Pois saibam que as correntes de nossa vida psíquica, antes de atingirem os outros, começam por atravessar-nos. Quando somos movidos por sentimentos de bondade, somos os primeiros a nos beneficiar dessa bondade, e quando somos maus, envenenamos antes de tudo a nós mesmos. Vocês dizem: "Estou furioso com fulano, ele vai ver o que é bom!" Muito bem, mas vocês serão os primeiros a se intoxicar com sua raiva.

Transformar o mal

Tudo o que recebem dos outros na forma de críticas ou manifestações de ódio vocês devem tentar transformar. São como seixos que devem de alguma forma ser transformados em pedras preciosas. E é esta a verdadeira alquimia. Se a terra é capaz de fazê-lo, por que não nós? O principal é se lembrar disso. Um ser humano contém todas as forças e potências; até mesmo a pedra filosofal encontra-se nele, a pedra filosofal que transforma todos os metais em ouro. Enquanto não adotarem essa maneira de ver as coisas, vocês se sentirão infelizes, esmagados, qualquer crítica a seu respeito os deixará arrasados.

Os verdadeiros inimigos estão em nós

Quantas pessoas alimentam o espírito de revolta! Revolta contra determinada situação que consideram insuportável ou contra determinada pessoa que lhes parece desonesta ou injusta... Mas será que essa revolta é assim tão útil? Se quiserem realmente revoltar-se, é em vocês mesmos que poderão encontrar elementos para um bom trabalho. Sim, todas as suas fraquezas, as suas inclinações inferiores não lhes oferecem motivos de indignação, não vale a pena combatê-las? Se a revolta existe no universo, é porque tem um papel a desempenhar. Não se pode suprimi-la, é preciso compreender o papel que ela pode desempenhar e utilizá-la igualmente a serviço do seu alto ideal. A partir de então, saberemos onde, quando, como e contra quem ou o quê nos revoltar... É preciso se revoltar, mas somente contra as entidades inferiores que se instalaram no homem, sob a forma de fraquezas, e que o enganam, o corroem. Quantos são infelizes por terem consciência de seus defeitos, de suas fraquezas! É que ainda não se revoltaram suficientemente contra esses defeitos para decidir livrar-se definitivamente deles.

Então, deixem de se revoltar diariamente contra sua mulher, seu marido, seu patrão, o governo etc., e se revoltem contra si mesmos, pois os verdadeiros inimigos estão em vocês, bem camuflados e sempre empenhados em estender-lhes armadilhas, sob a forma de tentações, cobiça, desejos descontrolados. E vocês, sem mesmo dar-se conta, os acariciam, os adulam, os alimentam. Bem, a partir de agora, é contra esses inimigos que vocês devem se revoltar.

Despertar o bem nos outros

Pouquíssimas pessoas se dão conta dos enormes estragos causados por essa mania de estar sempre vendo o lado negativo dos seres e das coisas. Muitas amizades, muitas relações são rompidas por causa dessa tendência a buscar os defeitos do outro, a ver apenas o que é ruim, criticável, e até sentir prazer em bisbilhotar a vida alheia para descobrir detalhes comprometedores.

Já o sábio procura ver os dois lados ao mesmo tempo: o bem e o mal. Ele não é cego, não se deixa enganar, mas considera que a parte essencial dos seres, sua essência, é o bem. Fixando a atenção no bem, ele atrai suas forças e o faz aumentar em si mesmo e nos outros. Por isto é que todos se sentem atraídos por um ser assim: sentem que junto dele as sementes de sua própria natureza divina são despertadas e crescem.

Vivam com amor

É o amor que proporciona as maiores possibilidades de sucesso, é o amor que torna mais capaz, mais lúcido, mais penetrante, que prepara condições para as manifestações mais harmoniosas, mais construtivas. Mas quem está preocupado com o amor? O amor sexual, sim, todo mundo está interessado, mas o amor impessoal, espiritual, é invariavelmente relegado ao último lugar.

Alguns dirão: "Mas você não vive no mundo! Não enxerga como são as pessoas: é impossível amá-las!" Pois saiba que nenhum de vocês terá talvez vivido o que eu vivi; se existe alguém que conhece as condições terríveis da existência, sou eu. Mas, justamente, mesmo nessas condições em que não temos a menor vontade de amar, pois parece que de todos os lados só há motivos de fechar o coração aos seres humanos, ainda assim é preciso amar. Caso contrário, de que serve a Ciência Iniciática, de que serve essa filosofia divina? Não é porque não conseguimos suportar certas figuras que devemos nos privar da maior bênção: o amor.

Portanto, amem, amem o mundo inteiro, amem todas as criaturas... Esse amor é que harmonizará tudo em vocês. Observem-se em suas diferentes atividades, e sentirão o quanto estão tensos, crispados: o rosto, suas mãos sobretudo, e enquanto isso suas energias se esvaem inutilmente. É porque não sabem trabalhar com amor. Detenham-se, então, relaxem completamente, que seu cérebro sobretudo esteja relaxado, deixem de fazê-lo funcionar por alguns minutos, para sentir apenas o amor fluindo através de vocês...

O maior segredo, o método mais eficaz, é amar. Ao saírem de casa pela manhã, pensem em saudar todos os seres no mundo inteiro. Digam-lhes: "Eu os amo, eu os amo...", e sigam para o trabalho. Vocês se sentirão felizes o dia inteiro, dilatados, e suas relações com os outros serão mais fáceis, pois vocês terão enviado seu amor a todas as criaturas do universo; e de todos os recantos do espaço esse amor retornará para vocês. Existem tantas coisas a serem feitas para tornar a vida digna de ser vivida!

Sejam como a nascente de um rio

A nascente de um rio brota e corre incessantemente, e ainda que alguém tente sujá-la atirando lixo, ela continua a brotar e a corrente carrega o lixo. A nascente está sempre pura, sempre viva, pois não cessa um só instante de correr. Onde encontrar melhor filosofia que a da nascente?

Tomem a nascente como modelo, tornem-se como ela, isto é, amem, amem contra tudo e contra todos. Esse amor que brota os protegerá das impurezas e dos sofrimentos; vocês nem sequer se darão conta de que tentaram sujá-los e fazer-lhes mal, pois tudo que lhes possa acontecer de ruim será rejeitado pela nascente. Guardem dia e noite essa imagem da nascente que corre e rejeita o mal e as impurezas, amem sem cessar, e vocês deixarão de sofrer.

O Céu nos deu riquezas para que saibamos mostrar-nos generosos

Se vocês convivem com pessoas difíceis de suportar, é para aprenderem a amar. Um dia, quando deixarem a Terra e se apresentarem diante das entidades celestes, elas lhes pedirão satisfações, e dirão: "Por que não foi amoroso com seus semelhantes? — Por que eles eram feios, maus, estúpidos. — Não, não é um motivo, você recebeu do Céu grandes riquezas: olhos, uma boca, orelhas, uma inteligência, um coração, e se elas lhe foram dadas, foi para amar e não para caluniar, desprezar, depredar, pisotear. — Mas eram uns miseráveis! — Pois bem, justamente, aí estava mais um motivo para lhes dar mais generosamente." Não há justificativa.

Esqueçam seus inimigos pensando em seus amigos

Foram injustos com vocês, vocês foram criticados, caluniados? Bom, está bem, mas por que ater-se a isso e ficar infeliz durante dias e dias? Digam a si mesmos: "Embora certas pessoas não gostem de mim, muitas outras gostam, o próprio Senhor me ama!" Assim, pensarão nos amigos, no mundo divino, no Senhor, que criou tantas coisas belas e boas das quais vocês se beneficiam a cada momento da existência, e esquecerão o mal que lhes foi feito. É se exercitando dessa maneira que vocês conseguirão tornar-se insensíveis ao lado negativo.

A verdadeira sensibilidade é uma abertura total para o Céu e um fechamento diante de tudo que é negativo e tenebroso. Caso contrário, se só nos mostramos sensíveis ao que é negativo, trata-se na verdade de sentimentalismo, uma manifestação doentia da personalidade. Que felicidade poderão esperar quando nem o Céu, nem os anjos, nem as flores, nem os pássaros, nem os amigos existem mais para vocês, mas apenas as pessoas más e injustas?

Fortalecer-se contra as críticas

Vocês foram criticados, caluniados, e ficaram arrasados. Por quê? Porque não estavam preparados. É preciso saber com antecedência que a vida inteira é sempre assim. Por que presumir que vocês serão poupados? Desde já, portanto, apaziguem-se e digam a si mesmos que certamente não será a última vez que receberão críticas, e se nada fizerem para se fortalecerem hoje, pois bem, quando tornar a acontecer, desmoronarão de novo. Naturalmente, vocês estão espantados: gostariam que eu dissesse que não vai acontecer nunca mais, que a partir de agora serão protegidos, poupados. Não, digo apenas que se preparem para outras provações do mesmo gênero! Vocês precisam saber com antecedência que podem sobrevir todo tipo de acontecimentos desagradáveis. Se eles não ocorrerem, tanto melhor, agradeçam ao Céu; se ocorrerem, agradeçam igualmente ao Céu, pois pelo menos estarão preparados.

Saber colocar-se no lugar dos outros

Os seres humanos raramente têm o hábito de se colocar na situação uns dos outros, e daí provêm tantos erros de julgamento, tantas crueldades e injustiças. Eles jamais querem sair do seu ponto de vista: medem tudo, pesam tudo, pronunciando-se segundo seus próprios gostos, suas próprias inclinações e preferências, sem jamais levar em conta os outros. E agora que os meios de comunicação lhes permitem relacionar-se com tanta facilidade, é necessário que aprendam a sair do seu campo de consciência limitado, caso contrário tudo que poderia servir-lhes para se aproximar servirá para que se matem uns aos outros.

Antes de acusar as pessoas, tentem, por pelo menos cinco minutos, colocar-se no lugar delas; e muitas vezes vocês perceberão que, se estivessem no lugar dela, fariam dez vezes pior. Alguns minutos apenas desse exercício, e vão adquirir qualidades de nobreza, paciência, indulgência, doçura. Portanto, façam-no:

entrem por alguns minutos na situação de todas as pessoas que lhes são desagradáveis e que têm dificuldade de suportar, e então verão, não poderão deixar de compreendê-las e amá-las.

Alguns conselhos a respeito das crianças

Ficar atento à maneira de falar com elas

Os adultos não se mostram suficientemente atentos à maneira como falam com as crianças. Alguns as chamam constantemente de incapazes, burras, idiotas, e as crianças, sugestionáveis, hipnotizadas, realmente se tornam, passado algum tempo, estúpidas e imbecis. É preciso saber que a palavra é poderosa, tem poder de ação, e que aquilo que dizemos às crianças pode exercer péssima influência sobre elas, bloqueando-as, causando-lhes medo. Muitas vezes são os adultos — os pais, os educadores — que destroem as crianças. Para fazer com que elas obedeçam, estudem ou se comportem, qual a necessidade de ameaçá-las com o bicho-papão, o lobo ou o guarda da esquina e outras coisas mais? Essas crianças correm o risco de se sentir ameaçadas e em perigo pelo resto da vida, tornando-se excelentes clientes para os psicanalistas. Existem muitas coisas que os adultos precisam corrigir em sua atitude em relação às crianças.

Um método para desenvolver as qualidades das crianças

Para serem bons educadores, os pais devem pensar em todas as qualidades e virtudes ocultas na alma e no espírito de seu filho. Em vez de se limitar a lhe dar alguns tapas ou palmadas para ensinar-lhe a não fazer mais certas besteiras, eles devem concentrar-se na centelha divina que existe em seu filho, empreendendo todos os esforços para desenvolvê-la, e assim essa criança poderá mais tarde fazer maravilhas. Inclusive, quando ela tiver adormecido, eles podem chegar-se junto à cama e, acariciando-a de mansinho, sem despertá-la, falar-lhe das boas qualidades que gostariam de vê-la manifestar mais tarde. Desse modo, estarão depositando em seu subconsciente elementos preciosos que, ao serem descobertos por ela anos depois, a protegerão de muitos erros e perigos.

Criar um ambiente harmonioso ao redor delas

Para educar uma criança, não basta mandá-la para a melhor escola possível. Se em casa os pais oferecem aos filhos o espetáculo de suas brigas, de suas mentiras, de sua má-fé, como podem imaginar que vão educá-los? Já se observou que um bebê pode ficar doente e vir a ter perturbações nervosas por causa das brigas dos pais, sem sequer as ter presenciado. Pois essas brigas geram ao redor um ambiente de desarmonia de que a criança se ressente, pois ainda está muito ligada aos pais. O bebê não é consciente, mas seu corpo etérico recebe os choques.

Certos pais se comportam de maneira tão inacreditável que nos perguntamos se realmente amam seus filhos. Eles, naturalmente, dirão que amam. Mas não, se os amassem, mudariam de atitude, tentariam pelo menos corrigir certas fraquezas suas que se refletem muito negativamente nos filhos. Enquanto não fizerem esse esforço, é porque não os amam realmente.

Apresentar-lhes uma imagem irrepreensível

Em todas as circunstâncias, os adultos devem mostrar-se impecáveis diante das crianças, não demonstrar qualquer fraqueza, nenhum defeito. Quando os adultos (pais, educadores) deixam transparecer suas fraquezas, as crianças ficam perturbadas, desorientadas, pois não têm mais onde se agarrar. As crianças, instintivamente, sempre procuram apoiar-se em seres que encarnem a justiça, a nobreza, o poder; todas trazem em si uma necessidade instintiva de justiça e de verdade, e quando veem os adultos que cuidam delas cometer uma ação repreensível, alguma coisa nelas se desorganiza. A criança, sentindo-se pequena, fraca, gosta de sentir acima dela uma autoridade infalível que a protege. Ela é ignorante a tudo, mas sabe que é fraca; por isso precisa de proteção e se acalenta à mãe para sentir seu calor. E não é apenas no terreno físico que busca amparo, mas também no psíquico. Por isso, quando uma criança entende que sua mãe, seu pai, seus parentes ou professores não estão à altura de sua missão, sente-se perdida ou se revolta... É a origem de muitas tragédias nas famílias e na sociedade.

Condições para que uma correção seja benéfica

É melhor nunca bater numa criança. Excepcionalmente, se o merecer, um tapa ou uma palmada não podem fazer-lhe mal, mas cuidado!... Nunca batam numa criança quando estiverem com raiva, caso contrário deixarão em sua memória uma impressão de ódio, de maldade, e não de justiça, quando, justamente, para sua boa educação, ela deve sentir que vocês são justos e que por serem justos a estão corrigindo.

Então, se tiverem de corrigir uma criança, tomem cuidado também com seu olhar. Sim, seu olhar não deve exprimir raiva, nem hostilidade, nem nenhum sentimento negativo, pois a criança rapidamente esquecerá do tapa ou da palmada, mas jamais esquecerá o olhar que lhe dirigiram.

Muitas vezes, os adultos batem numa criança porque ficaram exasperados ou perderam a paciência: é uma reação muito ruim. Os tapas e as palmadas não devem ser determinados pela irritação dos pais — a irritação não é um sentimento pedagógico —, mas pelo desejo de fazer com que a criança entenda que, para o seu bem, existem regras a serem respeitadas.

O poder da palavra desinteressada

Quantas pessoas, depois de demolir alguém com suas críticas e desaprovações, afirmam: "Mas eu falei para o seu bem, queria ajudá-lo, e fui sincero, só isso!" Na realidade, elas simplesmente precisavam expressar sua irritação, sua insatisfação, e tomaram a sinceridade como pretexto. Por que será que sob o domínio da raiva nos tornamos de repente sinceros? Vocês podem apresentar todas as boas razões que quiserem: enquanto suas motivações não forem realmente desinteressadas, espirituais, o que disserem jamais produzirá bons efeitos. Suas palavras só serão realmente poderosas e benéficas no dia em que vocês tiverem pleno domínio de seus pensamentos e sentimentos; caso contrário, quaisquer que sejam suas boas intenções de ajudar os outros, não só não conseguirão ajudá-los como lhes causarão mal ou os deixarão desorientados.

Aprofundem uma verdade antes de falar a respeito

Na vida espiritual, existe uma regra segundo a qual, quando recebemos uma verdade, devemos antes vivenciá-la, para depois pregá-la ao nosso redor. Sim, é uma regra importante de ter sempre em mente. É necessário experimentar uma verdade, exercitá-la, e quando finalmente se tiver tornado carne e osso em vocês, estarão de tal maneira fundidos a ela que nada no mundo poderá fazer com que a percam. Ao passo que uma verdade que acabam de aprender e da qual começam a falar a torto e a direito logo no dia seguinte certamente os deixará: vocês a expuseram em praça pública, ela já não lhes pertence, e vocês ficam novamente fracos e infelizes. Inicialmente, devem guardá-la para si, para que ela lhes proporcione forças e os ajude a vencer as provações que tiverem de atravessar. A partir desse momento, ela não mais os deixará.

Enquanto não tiverem vivenciado e experimentado uma verdade, ela não faz parte de vocês; por isso ela pode deixá-los, e vocês terão de lutar e sofrer para recuperá-la. É preciso, portanto, guardá-la por certo tempo, viver com ela para torná-la sua; a partir de então, não só ela não os deixará mais como também, quando vocês a disserem aos outros, terá tal força, tal poder, por causa da sinceridade em sua voz, que conseguirão convencer as pessoas. O timbre de sua voz, a energia que se desprende de vocês serão realmente convincentes, pois vocês terão guardado por muito tempo essa verdade em si mesmos, e, assim, a terão reforçado.

Começar por se tornar mais sábio

Os seres humanos estão acostumados a olhar sempre para as fraquezas e imperfeições dos outros, mas nunca para as suas próprias. Eles exigem dos outros inteligência, bondade, honestidade, mas não se perguntam como são, não fazem as mesmas exigências consigo mesmos. Se existem tão poucas pessoas perfeitas no mundo, é porque todos raciocinam da mesma maneira: todos esperam que sejam os outros a fazer o esforço, pois eles próprios podem perfeitamente continuar como são. Não, as consequências dessa atitude são extremamente prejudiciais, particularmente naqueles que têm como papel ou profissão cuidar dos outros.

Tomemos apenas o caso dos pais: eles cuidam dos filhos, tudo bem, é o seu dever; mas será que souberam cuidar de si mesmos, antes de cuidar dos filhos? Não, viveram de qualquer jeito, permitiram que a desordem se instalasse neles, e agora que estão deformados ou mesmo acabados julgam-se capazes de educar filhos! O fato de essas crianças receberem o exemplo de um comportamento lamentável, que influenciará de maneira muito negativa seu psiquismo e mesmo sua saúde, não tem a menor importância. Quantas pessoas se casam porque morrem de tédio sozinhas, e depois, quando têm filhos, enfrentam dificuldades inextricáveis?

Antes de pretender educar os outros, tratem de educar a si mesmos; caso contrário, é exatamente como se vocês quisessem eliminar uma pequena mancha no rosto de alguém com as mãos sujas de carvão: irão apenas sujá-lo ainda mais. Todo aquele que pretender esclarecer os outros e infundir-lhes sensatez sem estar preparado conseguirá apenas confundi-los.

Tratem portanto de deixar os outros seres humanos em paz e pensem apenas em melhorar a si próprios. Por que ficar o tempo todo se lamentando das imperfeições da humanidade? Não se preocupem com elas, aperfeiçoem a si mesmos; a partir de então, não terão mais tantas preocupações, não ficarão mais se corroendo e poderão acelerar sua evolução, já que estarão concentrados em seu próprio aperfeiçoamento.

Acreditem em mim, deixem que os outros façam o que quiserem e trabalhem sobre si mesmos. Vocês é que devem avançar, vocês é que devem ser um exemplo. Não conseguirão tornar sensatos os seres humanos, nem que lhes façam os mais belos discursos, mas se se tornarem um exemplo, queiram ou não eles os seguirão. Por isso, em vez de esperarem que haja harmonia em sua família, em seu ambiente, em seu local de trabalho, de se queixarem pela sua falta, comecem por realizá-la em si mesmos. Quando os outros sentirem o quanto vocês mudaram, serão obrigados a se transformar também, pois é contagioso, mágico: um ser que empreende sinceramente um trabalho sobre si mesmo emite forças que obrigam os que o cercam a imitarem.

É preciso conhecer a natureza dos seres humanos, saber o que eles são e não se preocupar demais com aquilo que, neles, inspira maus sentimentos. Pois existem certas correspondências entre aquilo que fazemos e os estados em que nos encontramos. Se vocês se entregam a sentimentos negativos em relação aos outros, não se espantem depois se se sentirem mal dispostos: nada há de espantoso nisso. Para nunca se sentirem abalados, perturbados, desencorajados, vocês devem contar exclusivamente com seu trabalho interior

O sol, modelo da perfeição

Se vocês têm um amigo pelo qual sentem muito respeito e admiração, recebem sem nem mesmo se darem conta, no convívio com ele, algo de suas qualidades ou de seus defeitos. É uma lei, acabamos sempre por nos assemelhar aos seres e às coisas que amamos e admiramos. Da mesma forma, se vocês tiverem o hábito de contemplar diariamente o sol, maravilhando-se com sua generosidade, sua força, toda essa vida que nasce dele, sentirão aos poucos transformações em si mesmos, como se recebessem algo de sua luz, de seu calor e de sua vida. O sol é a imagem da perfeição, e se vocês o tomarem como modelo, se, como ele, pensarem apenas em ser luminosos, calorosos e vivificantes, poderão realmente se transformar. Naturalmente, jamais serão capazes de obter a luz, o calor e a vida no mesmo grau que o sol, mas o simples desejo de adquiri-los os projetará nas regiões celestes, e vocês poderão verdadeiramente fazer maravilhas.

Para influenciar positivamente os seres humanos, vocês devem diariamente entrar em contato com o sol, para receber dele algumas novas partículas que transmitirão então aos que os cercam. O sol é o único que pode lhes dar aquilo de que precisam para ajudar e amar os seres humanos. Enquanto não se concentrarem nesse modelo de calor e luz, vocês se deixarão envolver em manifestações inferiores. Vejam o que acontece no mundo: vemos apenas pessoas que querem aproveitar-se dos outros, sujeitá-los, esmagá-los. Nada disso pode ser considerado uma maravilha! Ao passo que, com o sol, vocês têm a imagem de um ser radiante, generoso, e isso os influencia. Mesmo admitindo que ele não é uma criatura inteligente e sensata, no sentido habitual, o contato com seu calor e sua luz só pode inspirar-lhes sentimentos mais fraternos em relação aos outros: generosidade, bondade, paciência.

Então, tomem o sol como modelo. Ao longo do dia, vigiem-se, analisem-se, perguntando-se: "Será que estou irradiando e propagando a luz? Será que estou aquecendo e dilatando o coração das criaturas? Será que lhes proporciono vida?" Sim, a cada momento do dia, façam a si mesmos essa pergunta, pois aí está a chave do seu aperfeiçoamento.

O segredo da verdadeira psicologia

Se falta tanta psicologia às pessoas, é porque elas estão preocupadas demais consigo mesmas. Estão cegas pelo véu de sua natureza inferior, que as impede de distinguir o que acontece na cabeça ou no coração dos outros. Mesmo quando amam um ser, esse véu as impede de vê-lo; e assim ficam às vezes espantadas com as transformações que constatam de uma hora para outra na esposa, no marido, nos filhos, nos amigos, transformações que não haviam previsto nem sentido chegar. Só aquele que dominou sua natureza inferior e se tornou capaz de esquecer seu próprio interesse pode verdadeiramente conhecer e compreender os outros.

Para conseguirem transpor os limites da sua consciência individual, eis aqui um método. Projetem-se bem alto, através da imaginação, para se ligar ao Ser que tudo abarca, que leva Nele todas as criaturas e que as nutre. Perguntem a si mesmos como Ele encara o futuro da humanidade, quais são seus projetos para ela, para sua evolução. Quando tentam aproximar-se desse Ser imensamente grande e luminoso, todo um trabalho se faz em sua subconsciência, em sua consciência e em sua superconsciência, e o que vocês então vivenciam em matéria de sensações e experiências é inexprimível. Façam esse exercício até sentirem que conseguem fundir-se nesse oceano de luz que é Deus. E quando essa prática se tiver tornado para vocês um hábito e conseguirem viver instantes de plenitude, entrando em comunhão com os seres mais elevados, poderão então começar a descer à consciência dos seres humanos para aprender a conhecê-los, sentir suas necessidades, seus sofrimentos; é assim que vocês efetuam um trabalho construtivo para toda a humanidade.

Buscar a alma e o espírito dos seres além de sua aparência

Aprendam a considerar todos os homens e todas as mulheres com um sentimento sagrado, e poderão, por trás de suas vestimentas, por trás da forma de seu corpo ou de seu rosto, descobrir sua alma e seu espírito, filha e filho de Deus. Se souberem deter-se em sua alma e seu espírito, todas as criaturas que vocês negligenciaram, abandonaram ou desprezaram se revelarão extremamente preciosas. O próprio Céu, que as enviou à Terra sob esses disfarces, as considera como tesouros, receptáculos da Divindade. Portanto, em todos os seres que encontram, vocês não devem considerar tanto a aparência física, a fortuna, a situação social, mas a alma e o espírito, caso contrário, jamais conhecerão o essencial. Digam a si mesmos que até aqueles que aqui se encontram como mendigos são na verdade, aos olhos de Deus, que os criou, príncipes e princesas.

Amar sem perigo para os outros

Quando vocês amam um ser, em vez de se agarrarem a ele de maneira egoísta, pensem em ligá-lo ao Céu, ligá-lo à Fonte inesgotável da vida, para que ele possa constantemente beber dessa fonte e se regenerar. Nada é mais importante que saber amar. Se desejam a felicidade e o pleno desenvolvimento do ser que amam, tratem de não pensar tanto em si mesmos, senão irão arrastá-lo às regiões inferiores dos seus desejos e de sua cobiça. O amor não significa atrair um ser para si, pelo contrário, é desejar se superar, querendo fazer algo de grande por ele, e não existe nada maior que ligá-lo à Fonte.

Aproximem-se da pessoa que amam, olhem para ela, tomem-na nos braços e a projetem para o Céu, liguem-na à Mãe divina, ou a Cristo, ao Pai celeste, ao Espírito Santo... E mesmo que não tenham intimidade suficiente para tomá-la nos braços, tentem enviá-la através do pensamento à Fonte da luz; desejem que ela compreenda a nova vida, que encontre uma paz que jamais conheceu. Façam com que seu amor contribua sempre para o florescimento dos seres que amam.

Amar sem perigo para nós mesmos

O amor é uma força que trabalha no sentido de torná-los semelhantes àquele que vocês amam. Se amam um ser egoísta, vulgar, desonesto, mau, pouco a pouco essas fraquezas se instalam em vocês, e vocês acabam se parecendo com ele. Mas se se concentrarem em Deus e O amarem com a consciência de que Ele é a imensidão, um oceano de luz e de vida, pouco a pouco sua consciência se amplia, se ilumina, e a vida divina começa a circular em vocês. Saibam, portanto, quem amar. Podemos, naturalmente, amar todos os seres humanos e inclusive devemos amá-los. Entretanto, para não nos nivelarmos com suas fraquezas, é preciso antes de tudo amar a Deus. Aquele que ama Deus pode amar quem bem quiser, pois não estará correndo perigo: o amor divino o fortalecerá, mantendo-o acima dos perigos.

Quando um salva-vidas mergulha para resgatar um homem que se afoga, trata de oferecer-lhe os pés, para que se agarre; mas se o outro quiser agarrar-lhe os braços, ele é obrigado a golpeá-lo, para que desmaie: só assim poderá salvá-lo, caso contrário acaba se afogando com ele. Também vocês devem preservar os braços para Deus e entregar seus pés aos seres humanos! Não lhes deem todo o seu amor, senão se perderão com eles. Quantas pessoas amam qualquer um, a qualquer momento, de qualquer maneira, e depois dizem que o amor só traz infelicidade. Não, de modo algum! É a ignorância delas a respeito do amor que traz infelicidade, e não o amor propriamente, pois o amor é Deus, e Deus não pode trazer nenhum mal. É preciso antes de tudo amar Deus e se impregnar de suas vibrações, e depois poderão, sem risco, amar os outros e ajudá-los. Como vocês estão ligados à Fonte, podem doar suas forças sem se enfraquecer, pois a água em vocês mesmos se renova constantemente. Mas se cortarem esse vínculo, como suas reservas não são eternas, logo ficarão esgotados.

É buscando o enriquecimento junto a Deus que podemos ajudar os outros

Nunca abandonem o Céu por quem quer que seja, nem por um filho, nem por uma mulher, nem por um marido, pois é somente mantendo-se ligados ao

Céu que vocês poderão fazer-lhes bem. Vocês dirão: "Mas que mal pode haver em se dedicar ao trabalho, à esposa, aos filhos, aos amigos?" Oh, nenhum, evidentemente, é muito bom manifestar-se como um ser dedicado ao dever, esforçado, consciencioso. Mas não a ponto de negligenciar o Céu. O sentimentalismo e o apego cego não os levarão a nada.

Como age, em caso de necessidade, um pai que ama realmente sua família? Ele tem coragem de abandoná-la por algum tempo e viajar ao estrangeiro para ganhar dinheiro. Ao passo que um outro, sem o mesmo amor, não tem essa coragem de partir. Aparentemente o primeiro abandona a família, mas é para ajudá-la: foi para o exterior ganhar dinheiro, e quando retorna, todos ficam felizes; ao passo que aquele que não quer se afastar da família a deixa na pobreza, como a si mesmo.

Agora, traduzamos. Aquele que ama verdadeiramente o marido ou a mulher, os filhos, os amigos, sabe abandoná-los de vez em quando para "ir ao exterior", quer dizer, ao mundo divino, onde recolhe riquezas, e quando retorna pode distribuir presentes a todos. Ao passo que aquele que não compreende permanece junto à família, mas o que pode lhe dar? Não será grande coisa, algumas bugigangas, algumas migalhas mofadas que ficaram na dispensa. E quanto tempo se deve permanecer no exterior? Depende, talvez meia hora, uma hora, talvez um dia... O único verdadeiro amor é aquele que proporciona aos seres as puras riquezas do Céu.

A circulação do amor

Não se preocupem em saber se aquele que vocês amam é também aquele que os ama. Por quê? Porque o amor circula, ele vai de um a outro: nós o recebemos e devemos dá-lo. O que dão ao ser que amam ele, por sua vez, dá àquele que ama, e assim se forma uma cadeia, uma corrente que parte de vocês e a vocês retorna, através de milhares de seres.

Para entender bem essa ideia, basta imaginar que somos todos como alpinistas de uma mesma corda. É necessário que cada um avance e que a corda se mantenha esticada. Se disserem àquele que caminha à sua frente: "Eu te amo, vira, olha para mim", impedirão o avanço de toda a coluna. Voltar-se para ir em direção ao outro é recuar, distender a corda, impedir os que estão à frente de continuar subindo, e os que estão atrás de prosseguir no caminho. Cada qual deve caminhar num sentido único, o sentido do deslocamento de toda a corrente. Não temos de nos deter para olhar e falar uns com os outros; devemos estar sempre subindo sem descanso, sem esmorecer em direção ao cume.

O amor traz em si mesmo sua recompensa

Nosso coração deve estar cheio de amor pelos seres humanos porque são todos nossos irmãos. Devemos pensar neles e ajudá-los sem esperar a mínima recompensa, pois na realidade já a temos: essa dilatação interna, esse calor que nos preenche quando amamos. Trata-se de uma grande recompensa, não existe outra maior na vida.

Vocês estão sempre esperando ser recompensados pelo que fizeram? Isto revela, da sua parte, má compreensão das coisas. Aquele que compreendeu o segredo do amor nada espera: dá gratuitamente. E como vive constantemente na plenitude e na alegria, ele irradia, e assim conquista a confiança de uma quantidade de amigos. Onde encontrarão maior recompensa?

Aquele que sabe abrir-se aos outros não conhece a solidão

Quantas pessoas se queixam de solidão! Têm ao seu redor um grupo de pessoas, mas se sentem sozinhas. Na realidade, é a sua atitude que as isola: elas não sabem se abrir, não sabem amar, não sabem dizer duas palavras animadoras ou de consolo, não sabem dar; estão sempre esperando que os outros venham até elas. Mas os outros frequentemente estão muito ocupados, têm suas inquietudes, suas preocupações... E então, tudo que ouvimos são queixas: "Ninguém vem me ver, ninguém gosta de mim, ninguém se interessa por mim." E por que são sempre os outros que devem gostar delas e se interessar por elas? Se vocês sofrem de solidão, não fiquem parados, sem nada fazer. Em vez de ficarem se remoendo num canto, esperando as atenções dos outros, o amor dos outros, deem o primeiro passo, vão na direção deles. Não existe motivo para sentirem-se sozinhos quando o amor está aí, quando a luz está aí. Se vocês se sentem sós, é porque se afastaram do amor e da luz.

Quantas vezes insisto para que vocês saiam um pouco do seu egocentrismo, para fazer algo pelos outros. Claro, a culpa é muitas vezes da educação. Os pais dizem aos filhos: "Deixe de ser tão tolo, não dê sempre o primeiro passo, deixe também que os outros o procurem." É possível que as pessoas venham procurá-los, mas só se eles souberem ser úteis. Se for um padeiro, as pessoas irão à sua casa buscar pão. Para ser procurado, é preciso ser capaz de dar alguma coisa. Aquele que nada tem a dar não atrai ninguém e fica sozinho. Não devemos recriminar os outros por não virem até nós. Tornem-se agradáveis, e verão se eles não vêm! Olhem a rosa que se abriu, ela emana um perfume delicioso e todos se aproximam para respirar seu aroma, até as abelhas, as borboletas: porque ela se abriu. Então, por que permanecem fechados, sem perfume?

Só a presença divina pode realmente preencher a alma humana

Todo mundo deseja encontrar um ser ao lado do qual possa avançar em plena confiança no caminho da vida, um ser com o qual trocar seus pensamentos, suas emoções mais íntimas. Mas é difícil. Em quantos romances, filmes e peças de teatro homens e mulheres contaram essa angústia, esse sofrimento decorrente da impossibilidade de encontrar um ser assim! É porque na realidade a alma humana só pode ser completa e definitivamente preenchida por Deus. Quem quiser vencer a solidão, sentir-se a cada dia pleno de uma imensa presença feita de alegria e felicidade deve unir-se a Deus.

A solidão é um estado de consciência conhecido até mesmo dos maiores Iniciados. O próprio Jesus atravessou essa região obscura e deserta, quando exclamou: "Pai, por que me abandonaste?" Todos haverão um dia de conhecer essa terrível solidão. Por quê? Porque não podemos realmente desenvolver a fé, a esperança e o amor quando estamos felizes, satisfeitos, cercados de amigos, e sim quando estamos sós e abandonados dentro de nós mesmos. Não existe outro meio de atravessar a solidão, senão apoiar-se no Ser que sustenta todos os mundos. É necessário acreditar nesse Ser imortal, amá-Lo e esperar Nele.

A travessia do deserto

Na vida espiritual, pode acontecer de nos sentirmos interiormente como se atravessássemos regiões áridas, desérticas: já não temos vontade de mais nada, tudo se torna sem sabor, alheio. É o estado mais grave em que possa encontrar-se um espiritualista. O mais grave não é ficar doente, perder dinheiro ou amargar um fracasso, mas deixar de sentir amor, elã, fé. E como isso pode acontecer com qualquer um, vocês precisam saber como enfrentar essa situação.

Mesmo em pleno deserto, vocês devem ser capazes de dizer: "Senhor Deus, estou em Suas mãos, Você traçou o meu caminho, e havendo água ou não, eu vou em frente, estou a Seu serviço. Eu o amo, Senhor, ajuda-me." É só, não devem conformar-se em perder tão facilmente sua fé e seu amor, mas devem continuar com um ardor ainda maior, acreditar duas vezes mais. Pois é esta sua única salvação. Não fiquem com a impressão de estarem perdidos em pleno deserto, façam o possível para avançar, e acabarão encontrando uma fruta ou água em algum lugar; mesmo no meio do deserto, existem oásis. Caminhem, portanto, até alcançar em si mesmos um oásis onde haverá água, o que lhes permitirá prosseguir em seu caminho. Essa água é a humildade, é o amor.

A pureza permite entrar em contato com o mundo divino

Vocês se queixam de que o Céu é surdo, cruel, e não responde aos seus chamados... Na realidade, vocês estão mergulhados no mundo divino, e se se sentem tão isolados, separados dele, é por terem formado, com seus pensamentos e sentimentos inferiores, camadas opacas que, como uma tela, os impedem de entrar em comunicação com ele. Se decidirem trabalhar sobre si mesmos para se purificar e tornar os seus corpos sutis receptivos e sensíveis, perceberão que não existe na realidade nenhuma separação entre o Céu e vocês.

É muito importante para um espiritualista saber eliminar as impurezas de seu organismo psíquico, por isso é que os exercícios de purificação devem ocupar um lugar tão importante em sua vida, e não apenas a purificação pelos meios físicos — exercícios respiratórios, abluções, jejum etc. —, mas a purificação pelos meios espirituais: a concentração, a oração. Graças a esses exercícios, ele introduz em si uma substância que desagrega os elementos estranhos e nocivos, para que a vida divina possa recomeçar a circular. Por isso, diariamente, várias vezes por dia, pensem na limpeza, na purificação. Deixem a água fluir em vocês, a água pura do Céu. Não só essa pureza lhes trará todas as bênçãos, como sua presença também será benéfica aos outros: vocês farão bem a todas as criaturas que encontrarem, poderão instruí-las e pô-las também em contato com o Céu.

O Céu só responde aos sinais luminosos

Para conseguir atrair os espíritos celestes e dar-lhes vontade de ajudá-los, vocês devem levar uma vida de acordo com as leis divinas. Caso contrário, eles fecham os olhos e os ouvidos, nada ouvem, nada veem, e deixam que vocês continuem quebrando a cabeça. Somente através da sua vida podem obrigá-los a prestar atenção em vocês. Eles precisam ver sinais, um clarão. Somente quando percebem de longe uma criatura que projeta diariamente, através do coração, da alma, do espírito, centelhas e fogos de artifício de cores extraordinárias que eles dizem: "Oh! que linda festa lá embaixo, vamos lá!" Eles se aproximam, passam a sentir amizade por esse ser, muitas vezes chegam a se instalar nele, para ajudá-lo, e tudo se torna fácil para ele. Por isso vale a pena melhorar sua maneira de viver, para atrair a ajuda e até a presença desses espíritos luminosos, que virão ajudá-los em seu trabalho espiritual.

A chave da felicidade: a gratidão

Vocês se queixam: "Oh, como sou infeliz!" Bem, mas vocês já agradeceram hoje? "Agradecer a quem, e por quê?" São capazes de caminhar, de respirar? "Sim." Tomaram o café da manhã? "Sim." Conseguem abrir a boca para falar? "Sim." Então, agradeçam ao Senhor, pois existem pessoas que não podem caminhar, nem comer, nem abrir a boca. Vocês estão infelizes porque nunca pensaram em agradecer. Para mudar sua condição, é preciso antes de mais nada reconhecer que nada é tão maravilhoso quanto estarem vivos, caminhar, enxergar, falar. Vocês sabem quantos bilhões e bilhões de entidades, elementos e partículas são mobilizados para simplesmente manter um homem vivo? Nem se dão conta, estão sempre revoltados, insatisfeitos. Sejam agradecidos! Amanhã de manhã, ao se levantarem, agradeçam ao Céu. Quantas pessoas não acordam mais, ou despertam paralisadas! Digam: "Obrigado, Senhor, mais uma vez me deste hoje vida e saúde; vou cumprir a tua vontade."

Seus dons, seus talentos, suas virtudes são na realidade emissários do Céu que se instalaram em vocês para trabalhar. Devem estar conscientes disso, pois no dia em que começam a se sentir muito orgulhosos dos seus sucessos, como se tivessem todo o mérito, de uma maneira ou de outra esses amigos se afastam, e vocês perdem esse talento ou essa virtude. Quantas pessoas perderam seu talento por causa do orgulho! Ao passo que outras, pelo contrário, atraíram qualidades ou as ampliaram graças à humildade.

E se às vezes se sentirem felizes, maravilhados, sem um motivo em especial, saibam que receberam a visita de criaturas celestes. Se não forem capazes de apreciar o que elas fazem por vocês, perderão esse estado. Depois, por mais que se empenhem em recuperá-lo, acabou, esses espíritos não os visitam mais, não lhes dirigem o olhar, não lhes sorriem mais, não lhes endereçam qualquer palavra, não fazem um só gesto por vocês. A única coisa capaz de irritar os espíritos luminosos é a falta de gratidão. Eles gostam de ver seu amor e sua generosidade valorizados. Os seus defeitos e fraquezas lhes são bem conhecidos, eles até os perdoam, não se detêm nisso; pelo contrário, dizem: "Oh, em que estado ele se encontra, pobre coitado, é preciso ajudá-lo!" Mas se percebem que vocês não apreciam sua presença, eles os deixam. Não que precisem dessa gratidão, mas sabem que, se vocês não os apreciam, jamais serão realmente capazes de aproveitar tudo que eles podem dar-lhes. Portanto, não esqueçam: o maior segredo, a grande chave para sua felicidade e seu progresso é a gratidão. Enquanto forem capazes de apreciar tudo aquilo que o Céu lhes dá, ele não os abandonará.

Saber esquivar-se ao mal

Suponhamos que vocês foram passear na floresta e se perderam, afastaram-se da estrada e tomaram um caminho que os conduziu a uma região de pântanos infestados de moscas, vespas, mosquitos e cobras. Logo se veem ameaçados, atacados, mordidos... Pois bem, quando a coisa começou, o que deveriam ter feito? Fugir, dar meia volta, voltar atrás para encontrar de novo a estrada. Como é que pretendem livrar-se de todos esses bichos? A única solução é sair do território deles. Da mesma forma, se por acaso se perderem imprudentemente nas regiões inferiores do plano astral, cheias de entidades malfeitoras que começam a atacá-los, a mordê-los, tratem logo de deixar o local.

No plano psíquico dos pensamentos, das emoções e sentimentos, não é aconselhável ficar muito tempo exposto às correntes negativas, pois é perigoso, e sempre é melhor evitar o confronto. Se permanecerem muito tempo na escuridão, não poderão vencê-la, ela é que sairá vitoriosa. Se ficarem muito tempo mergulhados no ódio, o ódio é que os destruirá. Se se detêm no medo, na sensualidade, nas paixões, na maldade, eles é que levarão a melhor, e não vocês. É preciso deixá-los imediatamente.

O plano físico e o plano psíquico não são regidos pelas mesmas leis. No plano físico, é preciso mostrar força de vontade, tenacidade, obstinação, e não desistir, mas perseverar, lutar para se fortalecer; ao passo que no plano psíquico, é melhor não fazer frente às forças hostis. Vocês dirão: "Mas como escapar delas?" São tantos os meios! E um dos mais eficazes é a oração.

O refúgio mais seguro: a oração

A oração é o ato pelo qual nos elevamos até esse mundo luminoso em que o Senhor colocou tudo de que precisamos para nosso equilíbrio, nossa paz, nosso florescimento. É possível que o próprio Senhor não tenha conhecimento de que precisamos de alguma coisa, inclusive não é necessário que Ele o saiba: a partir do momento em que tudo está aí, à nossa disposição, cabe a nós alcançar essas regiões e nelas colher todos os elementos que nosso coração e nossa alma desejam, ou mesmo refugiar-nos nelas.

Tomemos uma imagem: vocês são perseguidos por inimigos e correm, correm para escapar deles. Finalmente, já sem fôlego, empoeirados, vocês se deparam com um grupo de pessoas comendo, bebendo e festejando alegremente em meio a cantos, danças e perfumes... Ninguém lhes diz: "Ei, que está fazendo aqui? Não queremos intrusos, vá embora!" Pelo contrário, são bem acolhidos, convidados a tomar um banho, mudar de roupa e se juntar ao banquete. Enquanto isso, os seus inimigos ficam do lado de fora e não podem fazer-lhes mal algum... Pois bem, é isso a oração: vocês correm, correm sem parar, ou seja, escapam das correntes nocivas, das entidades malfeitoras que os perseguem e chegam a um lugar onde o Senhor está festejando em companhia dos anjos, dos arcanjos e de todas as divindades. E Ele acolhe vocês com benevolência. Vocês permanecem o quanto quiserem; enquanto isso, seus inimigos se retiram, derrotados; e depois, vocês voltam para casa, repletos de felicidade.

Então, quando se sentirem perturbados, infelizes, em vez de ficarem choramingando e se queixando aqui e ali, em vez de tomarem calmantes ou excitantes, tratem de mudar de região, recorrendo a esse método maravilhoso e tão eficaz que os maiores Mestres nos ensinaram: a oração. Nas piores situações, pensem que nunca nada é definitivo e que basta pensar em mudar de região. Sim, deslocar-se. O Senhor não virá ao seu encontro no lugar onde estiverem, Ele não os tirará do Inferno para instalá-los no Céu. Cabe a vocês fazerem o esforço de se elevar até Ele.

Reviver as alegrias espirituais

Quando conseguem alcançar um bom estado, a questão é saber como fazê-lo durar. Na realidade, uma vez tendo vivenciado um estado de harmonia, de plenitude, é como se vocês tivessem feito uma gravação que permanece em seu íntimo, não podem ser apagadas. "Mas", perguntarão seu íntimo, "por que esse estado não permanece? Por que logo depois nos sentimos inquietos e desencorajados?" Porque a vida é um fluxo perpétuo: os instantes se sucedem, trazendo-lhe incessantemente novas impressões, novos acontecimentos, e como vocês não foram vigilantes o bastante, não souberam manter-se nas mesmas impressões, deixaram-se levar por outras ideias, outros sentimentos, outras atividades e perderam sua paz, sua alegria. O que precisam saber é que as gravações daquilo que viveram ficaram em vocês, arquivadas, como discos ou fitas na sua discoteca. Um dia vocês se lembram de que havia uma voz magnífica cantando uma música celestial, e podem pegar esse disco, botá-lo no seu aparelho interior e novamente ficarão cativados, encantados: voltam a sentir aquele mesmo estado. Mas é preciso ter isso em mente... É preciso revisitar, ouvir de novo essas gravações divinas.

Naturalmente, na vida, muitas vezes ficamos perturbados, atormentados, mas, acreditem, é possível, apesar de tudo, restabelecer, manter e preservar esses estados superiores de consciência. É simplesmente um hábito a ser cultivado: viver numa vigilância, numa atenção constante para o mundo divino, pensar já de manhã em fazer todos os gestos da vida cotidiana mantendo os pensamentos voltados para o Céu.

Se vocês se habituarem a manter essa atitude durante todo o dia, verão que nada será capaz de abalá-los por muito tempo. Claro, certos fatos podem nos perturbar, não o nego: uma má notícia, uma doença, um acidente. Mas se vocês adquiriram o hábito de manter em si os bons estados, serão capazes de superar essas perturbações muito mais rapidamente, pois terão entendido que não foi à matéria, mas ao espírito em vocês que Deus conferiu poder absoluto.

Preservem com esmero e pelo maior tempo possível tudo aquilo que vivenciaram de divino, pois cada momento vivido é eterno, vocês podem recuperá-lo, ele ficou gravado em vocês, ninguém poderá tirá-lo.

Manter-se inabalável

Vocês devem conviver com os seres humanos, viver com eles, ajudá-los, amá-los, mas ter cuidado de não compartilhar de suas fraquezas. Deem-lhes algumas partículas, alguns raios do seu coração e da sua alma, mas sem nada perder do seu ideal, ou seja, sem fazer concessão nem transigir quanto aos princípios espirituais, mantendo-se sempre honestos, corretos, justos. Mesmo dando mostra de flexibilidade, vocês devem manter-se sólidos e inabaláveis em suas convicções.

Ainda que seja cortado em pedaços, um verdadeiro servidor de Deus mantém-se inabalável em seu amor e em sua fé. Mas para isso é preciso possuir os conhecimentos da Ciência Iniciática. Aquele que imagina que, sem esses conhecimentos, poderá mergulhar nos turbilhões da vida e sair ileso está enganado. Tantas coisas podem seduzi-lo, desencaminhá-lo, desequilibrá-lo! Se superestimar suas forças, vocês sucumbirão como os outros. Então, tratem de se instruir, desenvolvam sua força de vontade e sobretudo se esforcem para manter vivas em vocês as verdades do Ensinamento. Digam a si mesmos: "Sei que jamais poderei esquivar-me às realidades cotidianas, mas devo manter-me vigilante; aconteça o que acontecer, não perderei a chama, o entusiasmo, a esperança." Agarrem-se a essas verdades; por meio da meditação e da oração, tomem algumas lufadas de oxigênio, e depois enfrentem a realidade! Aí, sim, vocês se tornarão verdadeiramente fortes e poderosos.

Ser capaz de distinguir se uma pessoa exerce boa influência

Vocês se encontram com frequência com uma pessoa mas não sabem se é bom para vocês estarem com ela. É muito simples: se sentirem que essa pessoa os torna mais lúcidos, se ela desperta em vocês generosidade e bondade, se os estimula no trabalho, continuem a encontrá-la; o que quer que lhes digam a seu respeito, o fato é que ela lhes faz bem, e é o que importa. Mas se, ao contrário, estando com alguém constatam que tudo se confunde em vocês, que não sabem mais onde estão pisando, que só experimentam em relação aos outros sentimentos de animosidade ou aversão e já não têm o mesmo ânimo de empreender o que quer que seja, tratem de não vê-lo mais. Mesmo que seja uma celebridade ou um multimilionário, deixem-no de lado, pois tem sobre vocês uma influência nefasta.

Abrir-se às influências benéficas

Ao se maravilhar diante de uma flor, imediatamente vocês sentem que essa flor é como uma presença que, por suas cores, sua forma, seu perfume, fala a vocês e abre um caminho em vocês, através dos seus corpos sutis, para despertar em sua alma a forma, o perfume, a cor que lhe correspondem. E o mesmo acontece com um objeto repelente: vocês o sentem como uma presença que introduz elementos nocivos. Tudo que os cerca exerce uma influência sobre vocês, mesmo que não tenham consciência disso. Mas, justamente, o importante é adquirir essa consciência, para manter-se vigilantes e só se exporem, na medida do possível, a influências benéficas. Assim que sentirem que uma criatura ou um objeto os influencia favoravelmente, devem abrir conscientemente suas portas interiores para que suas influências penetrem profundamente em vocês. Se não se abrirem, até mesmo as melhores coisas serão ineficazes, não poderão tocá-los.

Então, aproximem-se de um riacho, de uma nascente que brota e pensem que esta é a imagem da verdadeira fonte da vida que deve brotar e fluir em vocês... Voltem-se na direção do sol, contemplem-no, abram-se a ele, para que ele desperte em vocês o sol espiritual, seu calor, sua luz... Busquem as flores para perguntar-lhes o segredo de seu perfume, e ouçam-nas para aprenderem também a extrair as quintessências mais perfumadas de seu coração e sua alma... Se tomarem o cuidado de se abrir apenas às influências harmoniosas, belas e puras, vocês mesmos se tornam uma bênção para todos os que se aproximarem.

A influência das criações artísticas

Tudo que o homem vê ou ouve age sobre seu sistema nervoso, e se atualmente tantas pessoas manifestam perturbações psíquicas, é porque vivem cada vez mais na desordem e na feiura. Até mesmo a arte, que deveria ligá-las ao mundo da harmonia e da beleza, deixou de cumprir sua missão. Cada vez mais, a poesia não passa de uma sucessão de palavras em que cada um identifica o sentido que quiser; a música, ruídos estranhos e ritmos violentos, desordenados; a pintura, linhas partindo para tudo que é canto e cores como que jogadas ao acaso. Tudo isso influencia muito negativamente os seres humanos, fazendo-os voltar em direção ao caos. Tratem portanto de escolher com cuidado os livros que leem, a música que ouvem, as imagens ou os espetáculos que veem. Procurem deter-se apenas nas obras-primas de artistas verdadeiramente inspirados pelo Céu, para ligar-se a existências que os superem. Começarão, assim, a sentir e a viver o que esses criadores vivenciaram, e serão quase obrigados, mesmo sem querer, a percorrer atrás deles o caminho que percorreram: eles os levam às regiões que contemplaram e exploraram, e é nessas regiões que também vocês poderão apreciar a verdadeira vida.

Usem os objetos conscientemente e com amor

Quantos aparelhos, utensílios, objetos de todos os tipos vocês utilizam diariamente! E quase sempre os manipulam distraidamente, ou mesmo de maneira atabalhoada, maltratando-os. Por que não os utilizam conscientemente e com amor? Ainda que não aceitem a ideia de que a maneira como se servem dos objetos pode agir sobre eles de forma nociva ou benéfica, serão obrigados a reconhecer que, ainda assim, ela age sobre vocês mesmos. Façam a experiência, e verão que manusear os objetos aos trancos não gera os mesmos efeitos que manuseá-los com amor. O que quer que façamos, é preciso aprender a fazê-lo tentando introduzir nos gestos algo de melhor, de mais espiritual.

Consagrem os lugares e os objetos

Vocês têm uma casa, um apartamento ou pelo menos um quarto, utilizam diariamente certo número de objetos... Esses objetos, esses locais de habitação, é preciso consagrá-los à Divindade, para que possam servir apenas ao bem. Peça ao Céu que lhes envie a ajuda dos espíritos luminosos, para livrá-los das partículas e influências negativas. Depois, consagrem-nos a uma virtude, a uma entidade celeste, pedindo-lhes que aceitem morar nesses locais ou impregnar esses objetos, para que ajam favoravelmente sobre vocês, sua família, a saúde de sua mulher ou de seu marido e a de seus filhos, sobre o intelecto, a alma e o espírito deles. Habituem-se a essas práticas e verão o quanto se sentirão ajudados, apoiados, fortalecidos.

Deixamos rastros onde quer que passemos

Tudo que fazemos ao longo de um dia deixa marcas nos lugares pelos quais passamos. São rastros, imagens, toda uma memória que fica ali, fixada no plano etérico, nas paredes, nos móveis, nos objetos. Não é necessário tocar os objetos para deixar marcas neles; mesmo sem tocá-los, sua simples presença, as emanações do seu corpo físico, do seu corpo astral e do seu corpo mental se imprimem neles. E nos lugares por onde passam, nas pessoas com as quais convivem, vocês também deixam rastros bons ou ruins, luminosos ou sombrios. Por isso é tão importante trabalhar nossos pensamentos e sentimentos, para melhorá-los, purificá-los, sabendo que não é apenas por meio dos atos, mas também pelos pensamentos e sentimentos que podemos fazer o bem ou o mal.

Em toda parte, o que quer que estejam fazendo, esforcem-se sempre por deixar apenas marcas de luz e amor. Se estão passando por um caminho, por uma rua, abençoem esse caminho ou essa rua, pedindo que todos aqueles que por ali passarão depois de vocês recebam a paz e a luz, que sejam conduzidos ao bom caminho, que vibrem em uníssono com o mundo divino.

Nossa influência nos seres humanos e em toda a criação

Os seres humanos raramente prestam atenção aos efeitos positivos ou negativos dos estados em que se encontram. Mesmo com os seres que amam, mostram-se negligentes, levianos. É no momento em que se sente magoado e infeliz que um homem vai visitar a amada e beijá-la para se consolar; em seus beijos, transmite-lhe sua mágoa, seu desânimo, mas pouco se importa, nem presta atenção. E quantos pais fazem a mesma coisa com os filhos! Os homens, as mulheres estão constantemente fazendo trocas, e que são essas trocas? Só Deus sabe, ou melhor, são os diabos que sabem!

Quando se sentirem irritados, nervosos ou mal-dispostos, não toquem nos outros, sobretudo nas crianças, nem lhes deem nada, pois com sua raiva e sua má disposição vocês os levam para o lado negativo. E até mesmo quando tiverem de preparar uma refeição tomem cuidado para não fazê-lo em qualquer estado, sabendo que seus pensamentos, seus sentimentos impregnarão o alimento que será absorvido por sua família ou seus amigos. Aprendam a estarem atentos a tudo que fazem, desenvolvendo sua consciência e sua sensibilidade.

Vocês não devem se esquecer nunca que seus estados interiores não dizem respeito exclusivamente a vocês, mas também influenciam os outros. Ainda que não o sintam claramente, vocês estão em ligação com todos os membros da sua família e da sociedade, e quando progridem, as riquezas e luzes que recebem refletem-se nas pessoas às quais estão ligado. Por causa do seu progresso, elas também progridem. Talvez não se deem conta, mas o Céu vê que elas progridem por sua causa. E a mesma coisa ocorre se vocês começam a se anuviar, a periclitar: sua família e a sociedade, ligadas a vocês, sofrem influências nefastas por sua causa. É assim que arrastamos os seres para o Céu ou para o Inferno. Isso mesmo, nós somos responsáveis.

Vocês querem ser úteis, ajudar a humanidade e mesmo os animais, as plantas, as árvores?... Tratem de espiritualizar cada vez mais sua vida, pois de maneira sutil, imperceptivelmente, vocês arrastam toda a criação para as alturas, atraem bênçãos sobre todos os seres.

Temos a liberdade de aceitar ou recusar influências

Saiba que depende sempre de vocês aceitar uma influência. Nem mesmo os espíritos do mal terão qualquer poder sobre vocês se estiverem fechados a eles. Naturalmente, se não têm discernimento, se não sabem proteger-se, não tomam precauções, eles podem arrastá-los para o Inferno. Eles sabem como devem tentá-los com todo tipo de iscas, e se vocês caem nessa, se mordem o anzol, são pegos na rede, e então, suavemente, eles os conduzem à sua perdição. Deus conferiu-lhes esse poder, mas somente se vocês forem fracos, se não forem esclarecidos. Se não se deixam atrair na direção em que eles querem conduzi-los, colocando-se sob a influência dos espíritos luminosos, podem escapar, pois eles não têm qualquer poder sobre vocês.

Purificar-se de tudo que possa alimentar os indesejáveis

Se deixarem restos de comida pela casa, logo surgirá todo tipo de bichos, moscas, vespas, formigas, ratos etc., para se alimentar. A sujeira os atrai. Para que desapareçam, é preciso limpar. Caso contrário, não há nada a fazer. Tentar expulsá-los ou matá-los não resolve: enquanto vocês deixarem restos de comida pela casa, terão bichos por perto, pois sempre chegarão outros. Para expulsá-los definitivamente, limpem, e eles buscarão alimento em outros lugares. Da mesma forma, vocês também devem saber que se aceitam e conservam em si mesmos certos sentimentos, desejos ou pensamentos que não são luminosos nem puros, logo chegam entidades tenebrosas que gostam dessas impurezas, e vocês passam a ser assediados, atormentados. Não importa o que façam, enquanto conservarem em si elementos que fermentam, apodrecem, vocês serão presa desses indesejáveis. Para livrarem-se deles, é preciso vigiar seus pensamentos e sentimentos, trabalhá-los para purificá-los e transformá-los em alimento deleitável para os espíritos celestes.

A consagração aos espíritos luminosos

O espaço é povoado por bilhões de entidades malfeitoras que juraram pôr a perder o gênero humano. Naturalmente, o espaço é também habitado por inúmeras entidades luminosas que estão aí para ajudá-lo e protegê-lo. Sim, mas sua ajuda e sua proteção jamais serão realmente eficazes se os próprios seres humanos nada fizerem.

Se seu coração, sua alma, seu espírito permanecem abertos aos quatro cantos, sem estarem consagrados e cercados de uma barreira de luz, os espíritos tenebrosos, os indesejáveis têm o direito de entrar, causar estragos e ir embora levando os seus tesouros. Eles não podem ser condenados, cabe a vocês fazerem o necessário para mantê-los a distância e atrair, pelo contrário, os espíritos luminosos, dizendo diariamente: "Senhor Deus, Mãe divina, Santa Trindade, todos os Anjos e Arcanjos, servidores de Deus, servidores da luz, amigos celestes, todo o meu ser lhes pertence, instalem-se, sirvam-se de mim, disponham de mim para a glória de Deus, pelo Reino de Deus na Terra." Eis o que devem repetir diariamente. Se não o fizerem, não fiquem espantados que outros venham se instalar.

Se não pensarem em convidar as entidades celestes, não se espantem se outras, nada celestes, venham instalar-se em vocês. Cabe a vocês decidirem por quem desejam ser "ocupados". Se não convidarem os anjos, eles não tentarão penetrar em vocês; os diabos é que penetrarão, sem esperar o seu convite, pois nada respeitam. Se quiserem que venham os anjos, cabe a vocês tomar a decisão, pronunciar estas palavras mágicas: "Aqui sou eu o proprietário, o dono, venham, disponham de tudo, é de vocês." Quando esses seres luminosos sentem que cumprem a vontade do proprietário, tornam-se extremamente audaciosos, atiram-se sobre os outros e os expulsam. Mas enquanto o dono da casa não pronuncia essas palavras, eles nada fazem, respeitando sua vontade. Pois é, são regras divinas.

Colocar-se a serviço do Céu para se beneficiar de sua proteção

Se vocês forem, digamos, funcionários do Estado, ele é que os protege e em princípio ninguém pode atacá-los sem que essa autoridade os defenda. Da mesma forma, aquele que se torna servidor do Céu e quer trabalhar pela Causa divina torna-se uma espécie de "funcionário" do qual passa a cuidar o mundo invisível. Os anjos o protegem e cuidam dele, ele não se sente mais isolado no deserto da vida, pois é membro da grande família divina. Se vocês se colocarem a serviço do Céu para participar da realização do Reino de Deus e de sua Justiça na Terra, uma grande proteção será lançada sobre a sua vida, seres luminosos caminharão perto de vocês para apoiá-los e esclarecê-los.

Um autêntico talismã

Durante a guerra, as pessoas colavam pequenas tiras de papel no vidro das janelas para neutralizar as vibrações das explosões violentas e impedir que o vidro se estilhaçasse. Transponhamos esse fenômeno para a vida interior: acontece de nos expormos aos ataques de pensamentos e sentimentos negativos que são como bombardeios, e esses bombardeios podem arrebentar "os vidros das janelas". Pois bem, se colarem fitas de papel, isto é, se trouxerem no coração a imagem de um santo, de um profeta ou de Cristo, e se concentrarem nela, amando-a, venerando-a, essa imagem se opõe às vibrações caóticas, e vocês conseguem resistir.

No cristianismo, sempre existiram místicos que contemplavam e adoravam o rosto de Cristo, considerando-o um talismã suficientemente poderoso para trazer-lhes luz e protegê-los de todo mal. Se quiserem realmente possuir um talismã, escolham o rosto de um ser puro, luminoso, justo, sábio, um verdadeiro filho de Deus ou uma verdadeira filha de

Deus, e contemplem-no longamente todos os dias, procurando identificar-se com ele.

A melhor proteção: a aura

Os seres humanos souberam aperfeiçoar inúmeros aparelhos para se proteger e se defender no plano físico: é o caso dos cofres, trancas, portas blindadas, alarmes, para não falar das armas: canhões, tanques, foguetes, mísseis etc. Mas no plano espiritual permanecem pobres, desprotegidos, expostos a todo tipo de agressões. E no entanto existem meios e armas de todo tipo. Tudo que foi inventado no plano físico tem seu equivalente no plano espiritual. As roupas, por exemplo, que nos protegem do frio, do calor, dos choques, das intempéries, dos insetos, são representadas, no plano espiritual, pela aura, que é uma das melhores proteções.

A verdadeira roupa do homem é a sua aura, com todas as cores que representam suas qualidades e virtudes. Sim, a aura é a roupa espiritual tecida para vocês pelas virtudes, e particularmente pela pureza e a luz interiores. E os indesejáveis, nada tendo a que se agarrar, como não encontram alimento e não suportam a luz, afastam-se de vocês. A aura tem um papel mágico, ela age sobre os espíritos do mundo invisível, atraindo as entidades luminosas e repelindo as entidades tenebrosas. Diariamente, pensem em formar ao seu redor um círculo de luz e imaginem no seu centro uma fonte luminosa que brota incessantemente, e cujas ondas benéficas se disseminam sobre vocês e ao seu redor.

Nosso ponto de equilíbrio: o Senhor

Quando Deus é o senhor de sua vida, quando vocês o colocam acima de todos os seus desejos, dos seus interesses pessoais, operam-se em vocês grandes transformações, e vocês se tornam um mundo organizado. Colocar Deus como senhor do nosso ser é encontrar um ponto de equilíbrio inabalável. Quando um objeto é firmemente suspenso, podemos agitá-lo em todos os sentidos, e ele retorna automaticamente a sua posição de equilíbrio. O mesmo acontece com o ser humano. Enquanto não tiverem estabelecido fortemente o seu ponto de apoio em Deus, ficarão desequilibrados pelo mínimo transtorno que se manifeste em sua vida. Mas no dia em que conseguirem depositar toda a sua esperança, toda a sua fé, toda a sua confiança, todo o seu amor no Criador, poderão manter-se sólidos e resistentes, aconteça o que acontecer.

Consagrem seu coração a Deus

Vocês só podem estar seguros se derem tudo a Deus: seu espírito, sua alma, seu corpo... Sim, e até mesmo sua casa e o dinheiro que possuem, pois o Senhor é o único capaz de aconselhá-los sobre como usá-lo para o bem. Antes de mais nada, porém, é o coração que devem dar a Deus, é Ele que o pede. Por quê? Porque é no coração que se infiltra o Maligno. O coração corresponde ao plano astral que toca o plano físico, e é por isso que as forças obscuras do mundo subterrâneo podem influenciá-lo mais facilmente que ao intelecto e à alma, e sobretudo ao espírito. Seja o que for que vocês façam de mau, não conseguirão influenciar o seu espírito. O espírito é uma centelha que nunca pode perder o brilho ou ser apagada, pois está bem perto de Deus.

Deus pede-lhes seu coração, mas vocês dizem: "E por quê, Senhor? Meu coração pertence a este ou àquela..." "Tudo bem, já entendi", diz o Senhor, "mas ainda assim entregue-o a mim, pois todos os seus infortúnios e sofrimentos decorrem do fato de você guardar seu coração para si mesmo, e desse jeito ele sempre acaba aprontando."

Portanto, entreguem seu coração a Deus, e ele ficará seguro. Ele, pelo menos, sabe como usá-lo. Não o deixará cair, ao passo que no caso daquele ou daquela que vocês amam, vocês jamais poderão ter certeza. Enquanto não tiverem consagrado seu coração a Deus, estarão sempre expostos interiormente a grandes perturbações. Quantos seres excepcionais foram levados pelo coração a todo tipo de desordens e loucuras! O coração... ninguém está livre dos demônios que tentam apoderar-se do coração humano. Por isso vocês devem sempre buscar a proteção celeste, entregando seu coração a Deus. E Ele enviará anjos que se instalarão em seu coração e trabalharão por mantê-lo protegido.

ÍNDICE REMISSIVO

A

AGIR
- conhecer-se bem para _ bem 60

AGRADECER
- _ nas provações 84

AJUDAR
- é buscando o enriquecimento junto a Deus que podemos _ os outros 123

ALEGRIAS
- reviver as _ espirituais 136

ALIMENTO
- busquem a cada dia o seu _ espiritual 46

ALMA E ESPÍRITO
- busquem a _ dos seres além de sua aparência 120

AMAR
- _ sem perigo para nós mesmos 122
- _ sem perigo para os outros 121

AMIGOS
- esqueçam seus inimigos pensando em seus _ 106

AMOR
- a circulação do _ 125

- o _ nos torna incansáveis 26
- o _ traz em si mesmo sua recompensa 125
- o método do _ 90
- resolver os problemas pelo _ e não pela força 93
- vivam com _ 103

ANTIPATIAS
- usem suas simpatias para recobrar coragem e
suas _ para se fortalecer 98

ATENÇÃO
- _ e vigilância 38

ATOS
- as ideias determinam os _ 51

AURA
- a melhor proteção: a _ 151

AUTODOMÍNIO
- o exercício do _ nas relações 92

B_____

BEM
- despertar o _ nos outros 103

C_____

CASA
- arrumem sua _ interior 28

CÉU
- o _ só responde aos sinais luminosos 131

COMEÇO
- a importância do _ 33
- buscar a luz antes de agir 35
- estar sempre atento ao primeiro movimento 36

- ter consciência das forças que movimentamos 33

CONHECER
-_ -se bem para agir bem 60

CONSAGRAÇÃO
- a _ aos espíritos luminosos 148

CONTATO
- o _ vivo com a natureza 72

CONTRARIEDADES
- não se fixar nas _ da vida 81

CORAÇÃO
- consagrem seu _ a Deus 152

CRIAÇÕES
- a influência das _ artísticas 141

CRIANÇAS
- alguns conselhos a respeito das _ 109
- apresentar-lhes uma imagem irrepreensível 111
- condições para que uma correção seja benéfica 112
- criar um ambiente harmonioso ao redor delas 110
- ficar atento à maneira de falar com elas 109
- um método para desenvolver as qualidades das _ 110

CRITICAR
- evitar _ 67

CRÍTICAS
- fortalecer-se contra as _ 107

D

DESAGRADO
- evitar expressões de _ 61

DESCONTENTE
- estar satisfeito com o próprio destino e _ consigo mesmo 43

DESERTO
- a travessia do _ 129

DIFICULDADES
- a inteligência se desenvolve nas _ 78
- para suportar as _ aprender a olhar para o alto 88

DIREÇÃO ESPIRITUAL
- ater-se a uma _ 40

E

ENERGIAS
- como recuperar as _ 25

ENTIDADES
- fechem a porta às _ inferiores 50

EQUILÍBRIO
- nosso ponto de _ : o Senhor 152

ERROS
- corrijam rapidamente seus _ 49
- desculpas não bastam, é preciso consertar os nossos _ 77

ESFORÇO
- não se esquivar ao _ 76
- nosso _ é mais importante que os resultados 52

ESPÍRITOS LUMINOSOS
- a consagração aos _ 148

EVOLUÇÃO
- escolher sempre aquilo que serve à nossa _ 73

F

FACILIDADE
- não escolher a _, mas aquilo que serve à nossa evolução 73

FELICIDADE
- a chave da _: a gratidão 132
- saibam compartilhar sua _ 92

FIM
- conciliem o _ e os meios 47

FORÇA
- resolver os problemas pelo amor, e não pela _ 93

FORÇAS
- ter consciência das _ que movimentamos 33

FRACASSOS
- aceitar os _ 53

FUTURO
- preparem o _ vivendo bem o presente 30

G

GESTOS DESINTERESSADOS
- sejam capazes de _ 97

GRATIDÃO
- a chave da felicidade: a _ 132

GRUPO ESPIRITUAL
- influência benéfica de um _ 57

H

HÁBITOS
- conscientizar-se dos _ mentais 37

I

IDEIAS
- as _ determinam os atos 51

IMAGINAÇÃO
- a _ como método de trabalho sobre si mesmo 55

INABALÁVEL
- manter-se _ 138

INDESEJÁVEIS
- purificar-se de tudo que possa alimentar os _ 147

INFLUÊNCIA
- nossa _ nos seres humanos e em toda a criação 144
- ser capaz de distinguir se uma pessoa exerce
boa _ 139

INFLUÊNCIAS
- temos a liberdade de aceitar ou recusar _ 146

INFLUÊNCIAS BENÉFICAS
- abrir-se às _ 140

INIMIGOS
- a utilidade dos _ 100
- esqueçam seus _ pensando em seus amigos 106
- os verdadeiros _ estão em nós 101

INTELIGÊNCIA
- a _ se desenvolve nas dificuldades 78

J

JUSTIÇA
- aprendam a superar a lei da _ 95

L

LUGARES
- consagrar os _ e os objetos 143

LUZ
- buscar a _ antes de agir 35

*M*_____

MÁGOAS
- não contar suas preocupações e _ 66

MAL
- saber esquivar-se ao _ 134
- transformar o _ 101

MÃO
- instrumento de comunicação e troca 64

MEIOS
- conciliem o fim e os _ 47

MUNDO DIVINO
- a pureza permite entrar em contato com o _ 130

MUNDO EXTERIOR
- o _ é um reflexo do seu mundo interior 29

MUNDO INTERIOR
- o mundo exterior é um reflexo do seu _ 29

MÚSICA
- esteio do trabalho espiritual 56

*N*_____

NASCENTE
- sejam como a _ de um rio 105

NATUREZA
- o contato vivo com a _ 72

NUTRIÇÃO
- a _ como um ioga 20

O

OBJETIVO
- dedicar a vida a um _ sublime 17

OBJETOS
- consagrem os lugares e os _ 143
- usem os _ conscientemente e com amor 142

OLHAR
- _ para o alto 88
- que o seu _ irradie a vida divina 65

ORAÇÃO
- o refúgio mais seguro 135

OSTRA
- a lição da _ e da pérola 91

OUTROS
- aproximar-se dos _ com recipientes cheios 62
- saber colocar-se no lugar dos _ 108

P

PALAVRA
- mágica 71
- o poder da _ desinteressada 113
- positiva 67

PALAVRAS
- sejam prudentes em suas _ 69

PÉ
- começar com o _ direito 61

PERFEIÇÃO
- o sol, modelo da _ 117

POESIA
- vivam na _ 59

PRÁTICA
- dar mais ênfase à _ à teoria 41

PREOCUPAÇÕES
- não contar suas _ 66

PRESENÇA DIVINA
- só a _ pode realmente preencher a alma humana 128

PRESENTE
- preparem o futuro vivendo bem o _ 30
- saboreiem a plenitude do _ 31

PRIMEIRO MOVIMENTO
- estar sempre atento ao _ 36

PROBLEMA
- cada _ tem sua chave 80

PROGRESSO TECNOLÓGICO
- o _ libera o homem para o trabalho espiritual 27

PROGRESSOS
- fazemos _ graças àquilo que nos resiste 75

PROMESSA
- toda _ é um vínculo 70

PROTEÇÃO
- a melhor _ : a aura 151
- colocar-se a serviço do Céu para se beneficiar de sua _ 149

PROVAÇÕES
- agradecer nas _ 84
- as _ nos obrigam a explorar nossos próprios recursos ... 86

PSICOLOGIA
- o segredo da verdadeira _ 119

PUREZA
- a _ permite entrar em contato com o mundo divino 130

PURIFICAR
- _ -se de tudo que possa alimentar os indesejáveis 147

Q

QUALIDADES MORAIS
- preferir as _ ao talento 42

R

RASTROS
- deixamos _ onde quer que passemos 143

REFÚGIO
- o _ mais seguro: a oração 135

REGENERAÇÃO
- a _ de nossos corpos físico, astral e mental 45

RESPIRAÇÃO
- dimensão psíquica e espiritual 23
- "mastigar" o ar para extrair suas energias 22

RESPONSABILIDADES
- não se esquivar às _ 76

RIQUEZAS
- o Céu nos deu _ para que saibamos mostrar-nos generosos 106

S

SÁBIO
- começar por tornar-se mais _ 115

SATISFEITO
- estar _ com o próprio destino e descontente consigo mesmo 43

SENHOR
- nosso ponto de equilíbrio: o _ 152

SERVIÇO DO CÉU
- colocar-se a _ para se beneficiar de sua proteção 149

SIMPATIAS
- usem suas _ para recobrar coragem e suas antipatias para se fortalecer 98

SOFRIMENTO
- o _ é uma advertência 83

SOL
- _ modelo da perfeição 117

SOLIDÃO
- aquele que sabe abrir-se aos outros não conhece a _ 126

SORRISO
- o método do _ 89

T

TALENTO
- preferir as qualidades morais ao _ 42

TALISMÃ
- um autêntico _ 150

TEORIA
- dar mais ênfase à prática que à _ 41

TRABALHO
- contem apenas com o seu _ 58

TRABALHO ESPIRITUAL
- a música, esteio do _ 56
- o progresso tecnológico libera o homem para o _ 27
- o _ nunca fica sem resultados 44

V_____

VERDADE
- aprofundem uma _ antes de falar a respeito 114

VIDA
- o bem mais precioso 15
- dedicar a _ a um objetivo sublime 17
- revisem periodicamente sua própria _ 47

VIDA COTIDIANA
- matéria a ser transformada pelo espírito 18

VIDA DIVINA
- que o seu olhar irradie a _ 65

VIDA ESPIRITUAL
- conciliar a vida material e a _ 16

VIDA MATERIAL
- conciliar a _ e a vida espiritual 16

VIGILÂNCIA
- atenção e _ 38

Este livro foi composto na tipologia Minion-Regular,
em corpo 11,5/14,5, impresso em papel off-white 80g/m²,
no Sistema Cameron da Divisão Gráfica
da Distribuidora Record.